LE
FAIT DIVERS
AU XIXᵉ SIÈCLE

PIERRE DRACHLINE

LE
FAIT DIVERS
AU XIXe SIÈCLE

© Éditions Hermé, Paris, 1991
3, rue du Regard, 75006 Paris
Tél. : 45.49.12.50

ISBN : 2-86665-136-7

Nul ne saurait nier, sous peine de ridicule, les talents, le savoir-faire et l'imagination de nombre d'assassins du siècle dernier. Ils bénéficièrent, il est vrai, d'un service de presse gratuit et efficace qui mit en lumière leurs actes les plus bénins. Les journalistes écrivaient presque sous la dictée de la guillotine et les illustrateurs, avant les photographes, savaient mettre de l'effroi sur les visages des victimes et de la bestialité dans les traits des assassins.

Pourtant, en ce siècle où Napoléon Bonaparte promena la Camarde un peu partout en Europe, quelques dizaines d'années avant que Gallifet et ses sbires règlent provisoirement, d'une manière sobre et élégante, la question sociale en France, ces criminels ne furent, peu ou prou, que des *amateurs*. Leur légende, écrite parfois à la pointe sèche, encombre notre mémoire et notre imaginaire à tel point qu'elle en devient presque une fiction. La littérature doit beaucoup au crime et on ne peut que regretter que la réciproque ne soit pas vraie.

Alexandre Dumas s'inspira des mésaventures de François Picaud, incarcéré sans raison de 1807 à 1814, pour écrire *Le Comte de Monte-Cristo.* Ce brave Picaud se vengea de manière drôlatique dès sa sortie de prison. Il poignarda l'un, empoisonna l'autre, ruina et tua le troisième. Las ! le quatrième, un retors, l'enferma dans une cave, l'affama, et lui creva les yeux avant de l'éventrer. On conçoit aisément que Dumas, écrivain généraliste s'il en fut, ait préféré édulcorer ce pitoyable destin.

Stendhal, quant à lui, prit modèle sur un certain Antoine-Marie Berthet, condamné à mort et exécuté le 23 février 1828, après un passage au grand

séminaire de Grenoble et des amours adultérines avec une Mme Michoud, pour camper le personnage de Julien Sorel. Convenons toutefois que ce Berthet-là, volontiers geignard, n'était romantique que dans l'apparence vestimentaire.

Delphine Couturier, épouse du Docteur Delamare, calma ses peines de cœur en s'empoisonnant ce qui, selon les chroniqueurs de l'époque, ne priva personne. Gustave Flaubert s'intéressa à ce drame provincial mais nia, malgré les dires de Bouilhet et de Maxime du Camp, s'en être servi pour écrire *Madame Bovary.* Qu'importe, après tout, si de Delphine à Emma court le fil ténu de l'ennui à en mourir.

Le crime, tout autant mais guère plus que les sciences, les arts ou l'Histoire, se nourrit des enseignements du passé. Sans remonter aux temps bibliques et égrener, siècle après siècle, la litanie des assassinats politiques, des massacres rituels et autres divertissements populaires au nom du roi ou de la religion ; saluons, au passage, Gilles de Rays qui, bien qu'il nous ait quitté prématurément au bout d'une corde en octobre 1440, enchanta bien des mémorialistes en raison de son amour immodéré des enfants. « Couper la gorge, séparer la tête, enlever des membres, les fendre pour en voir les entrailles, les attacher à un croc de fer pour les étrangler, etc. » Telles furent quelques-unes des distractions les plus communes de ce cœur pur.

L'insécurité, à Paris en particulier, est l'un des derniers mythes qu'il nous reste. Une espèce de *star* qui, aujourd'hui encore, brille de tous ses feux. Si la capitale fut, sous Louis XIII, considérée comme le haut lieu du fait divers, elle le doit pour beaucoup aux colporteurs qui répercutaient et amplifiaient les exploits délictueux des bandes organisées qui officiaient parmi les cinquante mille traîne-guenilles, coupe-bourses et spadassins à gages de la ville.

Grisons vêtus de gris, *Plumets* coiffés d'un chapeau empanaché, *Frères de la Samaritaine* et *Chevaliers de la Samaritaine* aux deux extrémités du

le Portrait de la Voisin

Pont-Neuf, *Rougets* parés d'un manteau rouge se jouaient des archers du guet et des troupes de la milice tout en veillant de près sur les gagne-petits de la fesse et du vol.

Vers 1612, un joyeux drille surnommé *le Tâteur* mit en émoi la gente féminine en caressant d'un peu trop près avec une main gantée de fer les poitrines des passantes. Il fit rapidement des émules et, bientôt, on signala sa présence et ses marques de tendresse dans tous les quartiers de Paris. Les progrès de l'imprimerie favorisèrent, dès le milieu du XVIe siècle, le commerce des idées et, accessoirement, celui du crime. L'encre à peine sèche, des colporteurs s'empressaient d'informer le public du méfait du jour en brandissant à bout de bras les feuilles occasionnelles. Ces besogneux de l'information subissaient, et c'est justice, les lois du marché. C'est ainsi qu'ils manquèrent d'« assassinat du duc de Guise ». Ce grand du royaume bénéficiant, dans la population, d'une cote d'amour égale à son fanatisme religieux et politique !

Renaudot industrialisa ce petit commerce déjà florissant en créant, en 1631, les premières gazettes périodiques. Il fut bien vite suivi dans cette voie par moult journalistes-imprimeurs qui, sous l'appellation d'*extraordinaires*, inondèrent le marché d'éditions spéciales. Dès lors, plus un attentat, plus un fléau naturel, plus un crime imaginatif n'échappa à la sagacité de ces marchands de sensationnel.

Les marchands d'estampes ne voulurent pas être en reste et, les graveurs rivalisèrent d'imagination à défaut de talent pour rendre hommage à la vertu outragée par le vice. La marquise de Brinvilliers, que l'on disait « ardente au plaisir », après avoir testé les poisons de Christophe Glaser, apothicaire du roi, sur les malades des hôpitaux qu'elle visitait en bonne dame chrétienne, se débarrassa de son importun de père en 1666 et essaya ensuite ses remèdes sur son mari. Le marquis Antoine Gobelin de Brinvilliers, qui n'en demandait peut-être pas tant, fut sauvé à plusieurs reprises à grandes rasades de contrepoison par Sainte-Croix, le prudent amant de sa tendre épouse. Les allers et retours du marquis avec la mort amusèrent particulièrement Mme de Sévigné qui avait bien besoin de distractions ! La Brinvilliers eut la tête tranchée, ce qui était une faveur, mais auparavant Charles Le Brun, premier peintre du roi, avait pris soin de l'immortaliser. Catherine des Hayes, dite la Voisin, n'eut pas cette chance et elle dut, bien malgré elle, prêter ses traits à des artistes de moindre renom avant de subir le supplice. Seule consolation posthume, le succès de l'Affaire des Poisons aidant, ses estampes se vendirent mieux que celles de la marquise à la cuisse légère.

L'art et la manière de mesurer la notoriété des célébrités ont varié selon les époques. Dans la première moitié du XVIIIe siècle, le commerce de l'estampe fut plus florissant que jamais et Louis-Dominique Cartouche – filou, escroc, voleur et, accessoirement, assassin – triompha en ce domaine tant son image fut répandue dans le public.

Rien ne prédisposait à la gloire ce fils d'un marchand de vins parisien qui abandonna vite le collège pour suivre les cours particuliers de bohémiens qui lui enseignèrent les rudiments de son art. Après s'être associé avec un vieux voleur du nom de Guaguis, il forma une joyeuse troupe de coupeurs de bourses qui officiait rue de Quimcampoix où des *innocents* se pressaient pour acheter les titres du banquier Law.

La renommée de Cartouche était telle que, lorsqu'il fut arrêté en octobre 1721, bourgeois et nobles se bousculèrent pour le visiter en sa cellule. Le régent, lui-même, pour ne pas être en reste, lui fit porter des douceurs. La roue fut la dernière douceur dont se délecta, le 28 novembre 1721, le *chef des voleurs de Paris.* On prétendit qu'il avait dénoncé ses complices et maîtresses, mais ces ragots n'altérèrent pas sa popularité et des curieux payèrent cinq sous pour contempler son cadavre qui fut ensuite autopsié devant des clients du meilleur monde.

Outre deux pièces de théâtre à sa gloire, dont une interprétée à la Comédie française, on vendit pendant près de vingt ans, en France et à l'étranger, des gravures représentant Louis-Dominique Cartouche. Un petit volume de trois feuilles in-18 intitulé *Histoire de la vie et du procès de Cartouche,* un poème, *Le Vice puni,* de Nicolas Ragot de Grandval et une *Apologie de Cartouche* due à la plume d'un jésuite achevèrent, avec d'autres pages de moindre importance, de camper la légende de cet aimable brigand.

Quelque trente-cinq ans après Cartouche, Louis Mandrin, capitaine général des contrebandiers, acquit une incontestable popularité en s'attaquant aux malfaiteurs légaux qu'étaient les fermiers généraux. Voltaire dans une lettre de 1755 à la duchesse de Saxe-Gotha parle de lui comme d'un *conquérant* qui paie mieux ses soldats que le roi les siens.

Qu'il ait été ou non l'inventeur du *hold-up* et du *racket* ne change rien au talent de propagandiste par le fait de ce *justicier* qui, en ridiculisant les représentants du pouvoir royal, eut au moins l'avantage de faire rire les Français.

Las ! il se vendit plus de *complaintes de la bête de Gévaudan* que de feuilles célébrant Mandrin. Après que Louis XV eut promis six mille livres de récompense à qui tuerait le monstre qui, de juillet à septembre 1764, avait dégusté pas moins de treize personnes, Antoine de Beauterne,

lieutenant des chasses et porte-arquebuse du Bien-aimé, abattit le 21 septembre 1765 un loup-cervier qui fit l'affaire et fut même exposé à Versailles.

La bête, bien sûr, réapparut ici et là à la manière d'une épidémie et, selon le *Journal des ravages de la bête du Gévaudan* (1764-1765) cent quarante personnes servirent de repas aux différents monstres qui bénéficièrent de cette appellation contrôlée. Les imagiers et les fabricants de tabatières furent les principaux bénéficiaires de cette grande peur.

Antoine-François Desrues n'eut guère à forcer ses talents d'empoisonneur pour conquérir une célébrité qui lui assura une présence de choix dans les musées de cire jusqu'au second Empire. Pourtant, ce n'est pas médire de cet épicier que de s'étonner de la disproportion entre les deux assassinats qu'il commit – Mme de Saint-Faust de Lamotte et son fils – et la gloire posthume qui fut la sienne.

Même si l'on considère qu'il avait fait l'effort d'être roué et brûlé, place de Grève, le 6 mai 1777, cela justifiait-il les poésies, les chansons, les gravures à l'eau-forte, les canards et la demi-douzaine de biographies qui firent connaître ses bienfaits ? Non ! Alors force est de constater que dans le crime, autant sinon plus que dans n'importe quel autre art, le charisme de l'individu compte plus que ses mérites. Sébastien Mercier évoquant Desrues dans son *Tableau de Paris* ne narre-t-il pas qu'à l'heure de son supplice, cet assassin montra « la froide intrépidité et le courage tranquille de l'hypocrisie ».

Ces historiettes, prises au hasard de cette Histoire en marge que constituent les faits divers, augurent en quelque sorte ce que sera le XIXe siècle en ce domaine. Du sang à l'encre, il n'y aura plus désormais que quelques heures. Les canards influeront sur la vie de la cité, en flattant les peurs et les angoisses de populations gavées de sensationnel à la criée.

« Le canard, note Nerval dans *Le Diable à Paris*, est une nouvelle quelquefois vraie, toujours exagérée, souvent fausse. Ce sont les détails d'un horrible assassinat, illustrés parfois de gravures en bois d'un style naïf : c'est un désastre, un phénomène, une aventure extraordinaire... »

Afin d'illustrer par l'exemple l'imagerie du fait divers au siècle dernier, des personnages ou des histoires m'ont servi, en toute partialité, de points de repères. Libre à chacun d'interpréter ces choix qui ne constituent en rien un quelconque *panthéon du crime*. Tout juste un amusement désinvolte.

FUALDÈS, LA VICTIME IDÉALE

La qualité de la victime compte pour beaucoup dans l'intérêt que le public porte à un crime. Comme au théâtre, il faut que le personnage excite les sentiments les plus divers. Ancien procureur impérial, Antoine-Bernardin Fualdès fut assassiné, le 20 mars 1817, en pleine *terreur blanche,* ce qui ne pouvait que servir sa cause posthume.

Fualdès

L'affaire Fualdès comportait tous les ingrédients du drame populaire. Une véritable recette de cuisine avec le traître habile qui concocte le meurtre, la brute avide de sang à défaut d'autre chose, la victime exemplaire et, bien sûr, une femme que l'on croirait née de l'imagination d'un romancier.

Les faits en eux-mêmes étaient juste assez sanguinolents pour alimenter la chronique d'une époque aussi assoupie que Louis XVIII. Au point du jour du 20 mars, la femme du tailleur Puech se rendait du Monastère à Rodez en suivant le cours de l'Aveyron. Arrivée en face du moulin des Besses, cette brave femme, bien qu'endormie de nature, aperçut une forme noire qui tournoyait lentement, accrochée aux ailes du moulin.

La promeneuse hurla tant et si bien que cinq personnes dont Foulquier, l'un des garçons du moulin, se portèrent à son secours. Du geste et de la voix, elle leur indiqua l'objet de son effroi et tous s'affairèrent pour attraper au vol ce qui devait être un noyé. A sa mise – lévite bleue, douillette, gilet noir, pantalon de drap gris retenu par des bretelles, cravate blanche et souliers –, ils comprirent que c'était un « monsieur ».

Les autorités de Rodez furent aussitôt prévenues de la macabre découverte et, tour à tour, M. Teulat, juge d'instruction, M. Dornes, substitut du Procureur général du roi, le lieutenant de gendarmerie Daugnac et le commis-greffier Blanc se rendirent sur les lieux. Ils attendirent tous patiemment que le docteur Rozier et le chirurgien Bourguet aient effectué leurs premières constatations.

Bourguet, conscient de la gloire dont cette affaire nimberait son scalpel, procéda avec une science innée de la mise en scène. Après avoir découpé la cravate de son patient avec des ciseaux, il s'arrêta un temps avant de présenter aux spectateurs la blessure de trois pouces et demi de long qui divisait en deux parties inégales le larynx, la veine jugulaire et la carotide gauche du cadavre.

Les deux praticiens, non sans s'être consultés, annoncèrent doctement aux autorités judiciaires que la mort, par l'effet conjugué d'une perte de sang abondante et de l'introduction de l'air dans la poitrine, avait été rapide pour ne pas dire instantanée. Un couteau mal affilé ou un vieux rasoir, dont on se serait servi comme d'une scie, devait être l'arme du crime.

Le chirurgien Bourguet ne se fit pas prier pour procéder dans l'après-midi à une autopsie en règle. Une salle de la mairie de Rodez fut requise à cet effet. Le corps de Fualdès ne présentait pas de signe de strangulation antérieure à la mortelle blessure et la poitrine ne contenait qu'une petite quantité de sang mêlée avec un peu d'eau. Les lobes du poumon, le cœur et les deux ventricules ne fournirent aucun indice complémentaire.

En clair, M. Fualdès avait été égorgé et saigné, sans opposer de résistance, ce qui impliquait, sans doute, que plusieurs assassins avaient œuvré de concert.

La mort de l'ancien magistrat fut vite connue de la population ruthénoise et, comme il se doit en pareille circonstance, l'émotion fut unanime.

Bien qu'ancien accusateur public pendant les premières années de la Révolution et procureur criminel sous l'Empire, Fualdès, que les Bourbons avaient libéré de ses charges, avait su se faire bien voir des nouveaux maîtres du pays. Les royalistes de Rodez furent d'ailleurs les premiers à étaler leur douleur et leur indignation. Ils agirent à la manière d'un berger perdant l'une de ses brebis. L'enquête révéla que la victime avait un rendez-vous important le 19 mars à huit heures du soir : une négociation de valeurs représentant une partie non négligeable de la vente récente d'un domaine qu'il possédait à Flars. Ses domestiques, qui subissaient ses manies et son exactitude, prétendirent s'être inquiétés de ne pas le voir revenir. Leur inquiétude, pour sincère qu'elle fût, ne les incita pourtant pas à prévenir la gendarmerie. L'attente faisait partie de leur office.

Les langues se déliant toujours plus vite que les bourses, la ville ne fut bientôt plus que rumeurs et ragots. Un habitant rapporta la canne de la victime qu'il avait trouvée dans la rue du Terral, au coin de la rue des Hebdomadiers. Un autre honnête sujet se présenta, lui, avec un mouchoir tordu dans le sens de la longueur et mâchuré comme s'il avait servi de bâillon.

Un témoin prétendait avoir entendu des joueurs de vielle, toujours rue des Hebdomadiers, entre huit et neuf heures du soir, tandis qu'un homme à l'ouïe encore plus fine se souvenait avoir été dérangé par des coups de sifflet et des cris. Très vite, sans qu'ils aient été sollicités, des habitants de la désormais célèbre rue des Hebdomadiers avouèrent avoir eu leur sommeil perturbé par le bruit d'une lutte et des gémissements. Personne, bien sûr, ne leur fit reproche de leur passivité ou de leur manque de curiosité. Les malheureux ! Il suffisait bien qu'ils aient mal dormi !

Les rues du Terral et des Hebdomadiers devinrent des lieux de promenade pour les bourgeois de la ville en mal de coupe-gorge. On s'extasiait en famille devant les masures aux fenêtres grillées et aux contrevents épais. Le sol,

Koch.

Femme Bancal.

Colard.

Missonnier.

Anne Benoît.

Bousquier.

pavé de cailloutis noirâtre, imprégné d'exhalaisons fétides et couvert d'immondices ajoutait au décor. A la vérité, ces rues ne se distinguaient en rien des autres artères de la cité. La lune y faisait office d'éclairage la nuit venue et la pluie avait en charge le nettoyage.

Une maison de la rue des Hebdomadiers attisait toutes les rumeurs. On la surnommait la maison Bancal, du nom des locataires du rez-de-chaussée. Si le mari, maçon, suscitait peu de commérages. Il n'en allait pas de même de sa femme qui accueillait dans son taudis des prostituées et leurs clients. Marianne, la fille aînée des Bancal, tout en s'occupant de ses trois jeunes frères, se prostituait, elle aussi, à l'occasion.

De la débauche au crime, il n'y a qu'un pas que bien des esprits franchirent en désignant cette famille aux autorités. Tout paraissait soudainement accabler les Bancal. Leur porte était restée fermée dans la soirée du 19 et la matinée du 20, comme s'ils n'avaient pas le droit de faire relâche ! De plus, une voisine étant venue, ce matin-là, parler à la Bancal, elle avait surpris celle-ci en plein nettoyage, ce qui n'était guère dans ses habitudes.

Le commissaire de police Constans ne pouvait faire moins que d'effectuer une perquisition chez ces affreux. Il y découvrit une couverture de laine ensanglantée et des linges tachés de sang. La Bancal expliqua de la façon la plus naturelle ces maculures. Tant de femmes passaient par chez elle !

Constans s'intéressa ensuite aux autres locataires. En particulier à Jean-Baptiste Colard, qui fréquentait le bourreau de la ville dans l'espoir de devenir son aide et à sa compagne, Anne Benoît. Le commissaire collecta plus de cancans que d'informations et il s'évita le ridicule d'arrestations prématurées. Cette prudence lui fut reprochée et, le 22 mars, le juge d'instruction Teulat, qui pensait à sa carrière, délivra des mandats d'amener contre les trois adultes Bancal et contre Colard. Antoine Bancal, qui ne s'était jamais fait remarquer par la finesse de son intelligence, portait lors de son arrestation une veste tachée de sang. Ce détail vestimentaire l'accusa plus sûrement que tous les commérages. « Deux messieurs sont venus dans notre maison avec un homme malade... Ils l'ont allongé sur une table. Notre papa l'a saigné et notre maman tenait la lumière... D'autres messieurs ont mis le sang dans un baquet. » Cette déclaration des enfants Bancal fut corroborée par le témoignage d'Anne Benoît qui, plus précise, établit une élégante comparaison entre l'exécution de l'ancien magistrat et l'abattage d'un cochon. Le juge Teulat, tout en étant persuadé que l'assassinat avait été commis chez les Bancal, ne se satisfaisait pas de l'arrestation de quatre personnes de basse extraction qu'il jugeait incapables d'avoir monté l'affaire. En outre,

comment ces gens grossiers, sans relations avec les milieux d'affaires, auraient-ils pu négocier le produit de leur crime ?

Une fois encore, dans cette affaire comme dans tant d'autres, la délation vint au secours de la justice. Anne Benoît et d'autres commères prétendirent avoir aperçu la haute silhouette de M. Bastide-Gramont dans la soirée du 19 mars. Un témoin se rappela alors avoir vu Fualdès et Bastide-Gramont discuter vivement l'après-midi précédant le crime. Cette conversation n'avait pourtant pas de quoi surprendre puisque les deux hommes avaient des liens familiaux et que, de plus, Bastide-Gramont était le filleul de Fualdès.

Bastide-Gramont avait tout pour attirer les soupçons sur sa personne. Il vivait plutôt mal du petit revenu que lui procurait un domaine modeste des environs de Rodez et avait la réputation de se lancer tête la première dans des affaires douteuses. Cet homme d'allure négligée et peu affable était porté

sur la bouteille et les filles faciles. C'est en client qu'il fréquentait l'établissement d'utilité publique des Bancal.

Teulat, pour être juge n'en était pas moins un bourgeois, il hésitait à faire incarcérer ce Bastide-Gramont que Mme Fualdès appelait « mon fils ». La veuve Fualdès ne put recevoir le juge lorsqu'il se présenta à son domicile. Elle connaissait les convenances et s'était retirée dans sa chambre, malade et « abîmée dans la douleur ». Son fils, un jeune avocat récemment marié, s'était lui aussi alité. Fort heureusement pour le juge Teulat, le beau-père de la victime, le colonel Vigier, demeurait valide et il put le renseigner sur les relations et affaires en cours de son gendre. Sa fille lui avait raconté que dans l'après-midi du 19, le cher Bastide-Gramont était venu proposer une bonne opération à son affairiste de mari : du papier à négocier à 6 %. Bastide-Gramont n'était pourtant pas délaissé par tous. Sa femme et ses domestiques prétendirent en chœur qu'il était présent au souper. Un certain Bousquier, garçon de peine dans un haras et compagnon de bouteille de Colard, attira les soupçons par sa soudaine opulence. Il fut arrêté le 24 mars et s'empressa de dénoncer un autre comparse, Bach, dont la mauvaise mine était une garantie de culpabilité. Le fils Fualdès, à peine sorti du lit, entreprit de se plonger dans les papiers de son père. Quelle ne fut pas sa surprise de ne trouver que des notes incompréhensibles et des effets échus ! Le pauvre faillit faire une rechute. Il ne pouvait admettre que son père, ennemi déclaré du désordre sous toutes ses formes, ait pu vivre au milieu d'une telle pagaille. Ses doutes se transformèrent en soupçons lorsqu'il ne trouva pas trace des effets relatifs à la vente du domaine de Flars.

Il n'en fallait pas plus pour que l'orphelin se transformât en enquêteur avide de retrouver tout ou partie de son héritage. Il interrogea les servantes et l'une d'entre elles lui apprit que Bastide-Gramont, le 20 mars au matin, était venu fouiller dans la chambre de son père. Le juge Teulat se laissa convaincre par le fils de la victime et il fit alors arrêter Bastide-Gramont. Bancal, du fond de sa cellule, se serait alors écrié devant ses compagnons de détention : « Oui, il y en aura bien d'autres... On les aura tous. » Mais qui aurait accordé du crédit au propos du mari d'une proxénète notoire ? Le fils Fualdès, devenu une espèce de héros local célébré par la presse, s'estimait désormais investi d'une mission et il continua ses investigations auprès des domestiques de la famille. C'est ainsi qu'on lui annonça que d'autres visiteurs étaient venus le 20 mars : l'agent de change Jausion, beau-frère de Bastide-Gramont, accompagné de sa femme et d'une belle-sœur. Jausion, après avoir lui aussi fouillé un peu partout, aurait demandé une hache et se serait livré avec à quelques travaux pratiques avant d'être dérangé par le domestique Guillaume.

Jausion, qui dans le passé avait déjà eu quelques démêlés avec la justice, fut arrêté le 27 mars. Le 9 avril, sa femme et sa belle-sœur Galtier furent conduites à la prison des Capucins. Entre ces deux fournées, le juge Teulat avait fait incarcéré Joseph Missonnier qui avait le grand tort d'être confus dans son emploi du temps du soir de l'assassinat de Antoine-Bernardin Fualdès.

Hors Bousquier qui reconnaissait avoir porté un corps pour rendre service, tous les autres inculpés niaient avec plus ou moins de bonheur. L'instruction piétinait lorsque, dans les derniers jours d'avril, on annonça que Bancal était à l'agonie. Pour les uns, malade et rongé par le remords, il aurait résolu d'échapper à son châtiment en faisant infuser dans le fond d'un soulier des gros sous dans le vinaigre de sa salade ; pour les autres, plus prosaïques, les gros sous avaient macéré dans de l'urine.

Le bon docteur Rozier, appelé aussitôt, se déclara impuissant contre les effets de ce poison improvisé et il laissa l'abbé Prast, vicaire de la cathédrale, œuvrer auprès du moribond. Ce dernier aurait alors devant un tiers, ami du prêtre, confessé son crime et dénoncé ses complices. La disparition de Bancal le 2 mai, si elle n'attrista personne, relança les spéculations sur une affaire somme toute bien brumeuse.

Républicains et bonapartistes, pour une fois d'accord, laissaient entendre que l'ancien serviteur de la République et de l'Empire avait été victime d'un complot monarchiste avec complicité de la police des Bourbons. Les royalistes, pour ne pas être en reste de rumeurs, insinuaient que Fualdès détenait des documents sur Louis XVII. Sur ce, le commissaire Constans, sous prétexte qu'il avait été lié jadis avec Bastide-Gramont et Jausion, fut destitué.

La justice pouvait se préparer à un procès expéditif. Las ! un fringant capitaine du nom de Clémandot révéla fin juillet qu'une certaine Clarisse Manzon, qui n'était autre que la fille de M. Enjalran, juge au Tribunal de première instance et président de la Cour prévôtale, avait passé la soirée du crime dans un cabinet de la maison Bancal.

Mme Manzon.

Cette jeune femme, spirituelle, vive et de vertu commode vivait séparée de son mari, ce qui ne pouvait qu'attiser la *pétofie* (la médisance) des Ruthénois. Le Préfet, M. le comte d'Estourmel, convoqua, tour à tour, le capitaine Clémandot et Clarisse Manzon pour y voir plus clair, car cette fois-ci Paris ne manquerait pas de s'inquiéter des conséquences politiques de ce fait divers. Les protagonistes furent reçus par le Préfet le 31 juillet. Le capitaine confirma ses dires, la femme nia sa présence chez les Bancal. Néanmoins, le lendemain 1er août, elle écrivait une lettre pour le moins étrange à M. d'Estourmel :

Monsieur,

J'ai cru m'apercevoir que vous preniez à M. Clémandot un intérêt bien vif ; cette considération jointe à la crainte d'occasionner un meurtre, me force aujourd'hui à vous dévoiler un mystère impénétrable pour tout le monde. Hier, cela m'était impossible, j'étais dans un état qui ne peut être comparé à rien ; en vain j'ai voulu vous le cacher, vous avez vu de quel poids j'étais oppressée. Je vous dirai la vérité, Monsieur ; mais daignerez-vous m'en croire ? Puis-je compter sur le secret ? Cela est bien difficile ; ma déposition n'est-elle pas entre les mains des juges ? ne l'ai-je pas signée ? Quel sera mon sort ? Je l'ignore ; mais la vie de mes frères ne sera plus en danger. Mon père n'a pas à craindre de perdre sa fortune ; enfin, il faut rendre l'honneur à un brave officier, qu'importe que celui d'une femme soit compromis ! Tout le blâme retombera sur moi ; je suis préparée à tous les événements ; que peut-il m'arriver ? Ne suis-je pas faite au malheur, et depuis longtemps la mesure n'en est-elle pas comblée ?

M. Clémandot désire avoir une entrevue avec moi, j'y consens ; mais permettez que ce soit en votre présence, et que je puisse après vous entretenir sans témoins. Puisse le ciel me donner la force de parler ! Puissiez-vous me croire ! Je ne m'y attends pas ; mais du moins je ne causerai la mort de personne. Mes jours seuls sont peut-être en danger. Daignez, Monsieur, me faire savoir l'heure à laquelle je pourrai obtenir audience. J'ose espérer que ma lettre ne sera connue que de vous ; excusez-en le désordre et veuillez agréer l'assurance de mon respect et de ma considération : c'est avec ses sentiments que j'ai l'honneur d'être, Monsieur, Votre très-humble et très-obéissante servante,

Enjalran Manzon

Le préfet sentit la proie facile derrière le fatras romanesque de la missive et c'est bien volontiers qu'il accéda à la demande de la fille du très honorable juge Enjalran. Il prit soin d'ailleurs de prévenir celui-ci pour qu'il fût présent lors de l'entrevue. Ce malheureux d'Estourmel ne pouvait se douter alors que Clarisse Manzon était une épistolière-née qui n'aurait de cesse désormais de lui adresser ses états d'âme du moment.

La confrontation eut lieu le jour même. Elle ressembla à ce que l'on pouvait voir de pire sur les scènes de théâtre d'alors. Clarisse, après avoir nié, pleura comme il se doit et reconnut qu'elle avait bien confié à Clémandot le secret de sa présence chez les Bancal, mais elle précisa que c'était dans la soirée du 20 juillet et non dans la nuit.

Ce détail ridicule mit hors de lui son juge de père : « Madame, lui dit-il, c'est assez de mensonges. Si vous ne voulez encourir toute mon indignation, dites la vérité. Si vous avez oublié tout autre devoir, au moins, n'oubliez pas celui-là. » Le préfet d'Estourmel, en bon diplomate qu'il était, décida de rester seul avec Clarisse afin qu'elle se confie à lui.

Il fut si adroit que, sans même en avoir conscience, celle-ci livra secret après secret. Au début, presque rien ou si peu : qu'elle était bien présente chez les Bancal dans la nuit du meurtre, mais qu'elle n'avait vu personne. D'Estourmel l'ayant conduite rue des Hebdomadiers pour qu'elle lui précise où elle se trouvait exactement au moment présumé du drame, Clarisse convint qu'elle avait bien entendu des bruits mais elle ajouta aussitôt qu'on l'avait menacée de mort si elle parlait.

Le mauvais roman-feuilleton entre le préfet et Clarisse continua quelque temps entrecoupé des aveux et des dénégations de cette comédienne d'occasion qui s'évanouissait mieux qu'elle n'écrivait. Elle démentait presque toujours par lettre ce que ses lèvres avaient avoué et il faut reconnaître que le préfet, qui jamais ne la considéra comme une possible complice mais comme un témoin, fut d'une angélique patience.

Bien évidemment, plus Clarisse brouillait les cartes, plus la presse et le public en redemandaient. En fut-elle consciente ? Sans aucun doute, car lorsque l'on lit son affligeante correspondance, on ne peut qu'être ahuri par l'art et la manière qu'elle avait de semer le doute. N'a-t-elle pas été jusqu'à prétendre que cette nuit là, elle était habillée en homme mais qu'ayant heurté un corps, elle avait dû brûler ses vêtements souillés par du sang !

La presse en oublia presque l'infortuné Antoine-Bernardin Fualdès et les inculpés, et ne s'intéressa bientôt plus qu'à cette femme faite énigme. Son patronyme fut bien vite orthographié *Manson* que d'aucuns transformèrent en *Mansonge* et d'autres, moins nombreux, en *la Folie-Manzon*.

Onze inculpés – Bastide-Gramont, Jausion, la femme Bancal, Marianne Bancal, Anne Benoît, Colard, Bach, Bousquier, Missonnier, Victoire Bastide épouse Jausion, Françoise Bastide veuve Galtier – furent déférés devant la Cour d'assises de Rodez présidée par M. Grenier. Le spectacle commença le 18 août 1817 au début de l'après-midi. Auparavant, à onze heures, pour se mettre en forme, la Cour et le jury, escortés par la garde nationale, s'étaient rendus à l'église de Notre-Dame pour assister à une messe. Des spectateurs venus de tous les villages de l'Aveyron leur firent fête.

Si des privilégiés, parmi lesquels l'inévitable comte d'Estourmel, s'étaient emparés des bonnes places d'où ils pouvaient contempler à loisir les faces ingrates des accusés, les bourgeois, dont nombre de dames en grande toilette malgré la chaleur, occupaient les tribunes où chacun avait loué son siège dix francs.

Les notables locaux n'étaient pas peu fiers de constater la présence de nombreux journalistes parisiens. Quelle publicité pour Rodez et le département ! Pour un peu, ils en auraient remercié les présumés assassins !

Clarisse Manzon comparut le 22 août et sauva le procès qui sombrait dans la grandiloquence et les clichés les plus éculés. Elle se révéla une remarquable tragédienne. Après avoir sommé Bastide-Gramont d'avouer, elle s'évanouit et ne reprit connaissance que pour hurler : « Qu'on ôte de ma vue tous ces assassins ! »

Malgré le témoignage du préfet d'Estourmel qui, peu galant, remit à la Cour les lettres qu'elle lui avait adressées, Clarisse nia avoir été présente ce soir-là chez les Bancal et prétendit qu'une femme avait usurpé son identité. Rodez devint, grâce à elle, pendant quelques jours la capitale de la France.

Les journaux parisiens rivalisèrent dès lors d'imagination pour capter l'intérêt des lecteurs. Le *Journal de Paris* imprima des suppléments rétrospectifs. La *Quotidienne*, calotin et ultra-royaliste, tout en régalant sa clientèle de sang, en profita pour adresser, au nom du trône et de l'autel, des félicitations à la bonne ville de Rodez, « cité catholique qui a toujours refusé d'admettre dans son sein des protestants ». Le *Moniteur*, lui-même, se fit l'écho des folles journées ruthénoises.

La presse de presque toute l'Europe par l'intermédiaire de ses correspondants à Paris s'intéressa bientôt à la personnalité controversée de Clarisse Manzon. Ni la disparition de madame de Staël ni la grossesse de la duchesse de Berry n'eurent droit à autant d'encre. De bons esprits firent remarquer que des élections approchaient et que le parti libéral s'agitait sans parler des bonapartistes qui n'avaient renoncé à rien malgré la répression. Dans ce contexte, l'affaire Fualdès représentait donc un excellent dérivatif pour le pouvoir politique.

Le 12 septembre, la Cour rendit son verdict. La Bancal, Bastide-Gramont, Jausion, Bach et Colard furent condamnés à mort ; Missionnier et Anne Benoît, aux travaux forcés à perpétuité, à l'exposition et à la marque ; Bousquier, à un an de prison et cinquante francs d'amende ; Marianne Bancal et les dames Jausion et Galtier, acquittées.

Un seul des condamnés à mort fit preuve de présence d'esprit. Colard, après avoir consolé Anne Benoît, tint des propos guerriers : « Je n'ai jamais fui devant l'ennemi ; quand je monterai à l'échafaud, je m'imaginerai que je vais prendre une redoute ! »

Clarisse Manzon fut arrêtée et inculpée le 14 septembre pour faux témoignage. Sa popularité monta encore d'un cran dans l'opinion. Elle joua à fond son rôle de mère séparée de son fils chéri, Édouard. Bientôt, elle reçut moult visites, donna des conférences à des journalistes et vendit deux mille quatre cents francs ses futurs *Mémoires*. Elle ne manquait jamais de signaler à ses visiteurs qu'on l'avait placée dans l'ancienne cellule du capucin Chabot. « Je prie, disait-elle, aux mêmes lieux où blasphémait ce monstre. »

En fait de *Mémoires*, l'éditeur Pillet ne reçut, par l'intermédiaire de l'écrivain Henri de La Touche, qu'une demi-douzaine de pages. La Touche fit tant et si bien que Pillet put mettre en vente un gros volume intitulé : *Mémoires de madame Manzon, explication de sa conduite dans le procès de l'assassinat de M. Fualdès, écrits par elle-même et adressés à madame Enjalran, sa mère, avec portrait, vignette et fac-similé.*

Un éditeur sans doute jaloux, Planchet, publiera la même année 1818 un volume de lettres attribuées à Clarisse Manzon : *L'Intrigue de Rodez... Épisode oublié dans les Mémoires de madame Manzon.* On y trouve cette jolie formule, « j'ai pris un mari comme on prend une pilule », que son style habituel ne nous laissait pas prévoir !

Le jugement de la Cour d'assises de Rodez fut cassé le 9 octobre 1817 sous prétexte que dix-neuf témoins n'avaient pas prêté serment dans les termes voulus par l'article 317 d'instruction criminelle. La Cour de cassation renvoya les prévenus devant la Cour d'assises d'Albi. « Je parlerai à Albi ! » Telle fut la réaction de Clarisse.

ENTRÉE DE MADAME MANSON À ALBY.

Sa qualité de vedette lui valut d'être la première transférée sur le nouveau lieu du jugement. Elle quitta Rodez le 4 janvier 1818 escortée de gendarmes et fit halte à Sauveterre et à Pampelonne. Partout, y compris dans les villages les plus reculés, elle put mesurer sa gloire à la ferveur des applaudissements.

Seize jours plus tard, les huit accusés, chaînes aux pieds, arrivèrent à Albi. Leur escorte comportait pas moins de 36 gendarmes, 36 dragons et 100 hommes d'infanterie. Preuve si besoin en était, que le pouvoir politique entendait bien continuer à se servir de l'affaire Fualdès pour distraire les populations.

Les libraires Baurens et Rodière d'Albi voulurent, eux aussi, et c'est moral, profiter de l'aubaine. Ils convainquirent donc Clarisse de reprendre la plume, ce qui était, avouons-le, un doux euphémisme. En mars 1818, elle publia un opuscule, *Mon plan de défense dans le procès Fualdès, adressé à tous les cœurs sensibles* dans lequel elle s'en prenait vivement aux opacités de ses *Mémoires*.

Henri de La Touche, piqué dans son honneur littéraire et oubliant qu'il avait pu acquérir une propriété à Aulnay grâce à cette affaire, répliqua par une *Réponse du sténographe parisien* dans laquelle, sans grande élégance, il dévoilait les dessous des *Mémoires* et conseillait à Clarisse de se faire oublier, ce qui lui donnerait le temps de perfectionner son français.

Fort heureusement pour ses nombreux lecteurs d'alors, elle ne suivit pas cet avis et continua d'alimenter, avec ses écrits, les libraires. Elle s'y contredisait comme jamais ; ce qui, après tout, est le propre de maints écrivains de qualité.

Le second procès Fualdès commença le 25 mars 1818 devant, ô surprise ! un public moins nombreux qu'à Rodez. Néanmoins, quelques élégants, dont le journaliste du *Moniteur,* se font remarquer par leur tenue. La Touche, qu'accompagne le compositeur Pacini, arbore, lui, un habit fleur de pensée à collet de velours noir et revers châle, taille en entonnoir, culotte de casimir noir, cravate haute, chapeau à longs poils, large de bords.

Les quelques trois cents témoins, déjà entendus lors du précédent procès, ne feront pas montre d'un plus grand talent oratoire malgré l'expérience. Quant à Clarisse, elle demeurera fidèle à sa réputation en s'évanouissant trois fois et en continuant à nier sa présence chez les Bancal le sein du crime. Les peines prononcées à Albi le 4 mai furent, si l'on excepte Bach recommandé à la clémence royale, les mêmes que celles fixées par la Cour de Rodez. Bastide-Gramont, Jausion et Colard furent exécutés le 3 juin sur la place du Manège à Albi. La femme Bancal vit, ainsi que Bach, sa peine commuée en travaux forcés à perpétuité. Clarisse Manzon fut, quant à elle, acquittée. Le mensonge et la mythomanie étant sans doute incompatibles avec les faux témoignages.

Si la femme Bancal mourut en 1833 à la prison de Cadillac et si le bagne ensevelit à jamais Bach et Anne Benoît, quelques protagonistes s'en sortirent mieux. A peine libéré de prison, Bousquier trouva un emploi chez Curtius. Il y montrait, une baguette à la main, les figures de cire des principaux acteurs de l'affaire Fualdès. Le capitaine Clémandot publia, sans grand succès, ses *Mémoires*. La belle Clarisse Manzon fut, elle, pendant quelques mois l'une des reines de Paris. Puis, elle retomba dans l'anonymat qu'elle n'aurait jamais dû quitter. Elle mourut, oubliée de tous, le 22 mars 1847, non sans avoir perçu jusqu'à sa mort une pension de mille francs qui lui avait été attribuée par le comte Decazes, ministre de l'Intérieur, en récompense de ses services !

Quatre joyeux drilles – Francis Dallarbe, Saintine, Merle et Berryer – composèrent une complainte, suivant le modèle de celle de Mandrin. Elle eut un immense succès et vingt ans après les deux procès Fualdès, on la chantait encore...

VÉRITABLE COMPLAINTE

(Arrivée de Toulouse au sujet du crime affreux commis sur la personne de l'infortuné Fualdès par Bastide, Jausion et ses complices.)

(sur l'air du Maréchal de Saxe)

Écoutez, peuple de France,
Du royaume du Chili,
Peuple de Russie aussi,
Du cap de Bonne-Espérance,
Le mémorable accident
D'un crime très-conséquent.

Capitale du Rouergue,
Vieille ville de Rodez,
Tu vis de sanglants forfaits
A quatre pas de l'Ambergue,
Faits par des cœurs aussi durs
comme tes antiques murs.

De très-honnête lignée
Vinrent Bastide et Jausion,
Pour la malédiction
De cette ville indignée ;
Car de Rodez les habitants
Ont presque tous des sentiments.

Bastide, le gigantesque,
Moins deux pouces, ayant six pieds,
Fut un scélérat fieffé
Et même sans politesse ;
Et Jausion l'insidieux,
Barbare, avaricieux.

Ils méditent la ruine
D'un magistrat très-prudent,
Leur ami, leur confident :
Mais ne pensant pas le crime,
Il ne se méfiait pas
Qu'on complotait son trépas.

Hélas ! par un sort étrange,
Pouvant vivre honnêtement,
Ayant femme et des enfants,
Jausion, l'agent de change,
Pour acquitter ses effets,
Résolut ce grand forfait.

Bastide le formidable
Le dix-neuf mars à Rodez,
Chez le vieillard Fualdès
Entre avec un air aimable,
Dit : « Je dois à mon ami,
Je fais son compte aujourd'hui. »

Ces deux beaux-frères perfides
Prennent des associés :
Bach et le porteur Bousquier,
Et Missonnier l'imbécile,
Et Colard est pour certain
Un ancien soldat du train.

Dedans la maison Bancale,
Lieu de prostitution,
Les bandits de l'Aveyron
Vont faire leur bacchanale ;
Car pour un crime odieux,
Rien n'est tel qu'un mauvais lieu.

Alors le couple farouche
Suit Fualdès au Terral ;
Avec un mouchoir fatal
On lui tamponne la bouche ;
On remplit son nez de son
Pour intercepter le son.

Dans cet infâme repaire,
Ils le poussent malgré lui,
Lui déchirant son habit,
Jetant son chapeau par terre :
Et des vielleurs insolents
Assourdissent les passants.

Sur la table de cuisine
Ils l'étendent aussitôt ;
Jausion prend son couteau
Pour égorger la victime ;
Mais Fualdès, d'un coup de temps,
S'y soustrait adroitement.

Sitôt Bastide, l'alcide,
Le relève à bras tendu ;
De Jausion éperdu,
Prenant le fer homicide,
Est-ce là, comme on s'y prend ?
Va, tu n'es qu'un innocent.

Puisque sans raison plausible
Vous me tuez, mes amis,
De mourir en étourdi

Cela ne m'est pas possible,
Ah ! laissez-moi dans ce lieu
Faire ma paix avec Dieu.

Ce géant épouvantable
Lui répond grossièrement :
Tu pourras dans un instant
Faire paix avec le diable ;
Ensuite d'un large coup
Il lui traverse le cou.

Voilà le sang qui s'épanche,
Mais le Bancal, aux aguets,
Le reçoit dans un baquet,
Disant : En place d'eau blanche,
Y mettant un peu de son,
Ça sera pour mon cochon.

Fualdès mort, Jausion fouille,
Prenant le passe-partout,
Dit : Bastide, ramasse tout ;
Il empoigne la grenouille,
Bague, clef, argent comptant,
Montant bien à dix-sept francs.

Alors chacun à la hâte,
Colard, Benoît, Missonnier,
Et Bach, le contrebandier,
Mettant la main à la pâte,
Le malheureux maltraité
Se trouve être empaqueté.

Certain bruit frappe l'ouïe
De Bastide furieux.
Un homme s'offre à ses yeux,
Qui dit : Sauvez-moi la vie ;
Car, sous ce déguisement,
Je suis Clarisse Enjalran.

Lors, d'une main téméraire,
Ce monstre licencieux
Veut s'assurer de son mieux
A quel homme il a affaire,
Et, trouvant le fait constant,
Teint son pantalon de sang.

Sans égard et sans scrupule,
Il a levé le couteau.
Jausion lui dit : Nigaud,
Quelle action ridicule !
Un cadavre est onéreux,
Que feras-tu donc de deux ?

On traîne l'infortunée
Sur le corps tout palpitant ;
On lui fait prêter serment ;
Sitôt qu'elle est engagée,
Jausion officieux
La fait sortir de ces lieux.

Quand ils sont dedans la rue,
Jausion lui dit d'un air fier :
Par le poison ou le fer,
Si tu causes t'es perdue.
Manzon rend du fond du cœur
Grâce à son tendre sauveur.

Bousquier dit avec franchise,
En contemplant cette horreur :
Je ne serai pas porteur
De pareille marchandise.
Comment, mon cher ami Bach,
Est-ce donc là ton tabac ?

Mais Bousquier faisant la mine
De sortir de ce logis,
Bastide prend son fusil,

L'applique sur la poitrine
De Bousquier, disant : Butor,
Si tu bouges, tu es mort.

Bastide, ivre de carnage,
Donne l'ordre du départ,
En avant voilà qu'il part.
Jausion doit fermer la marche,
Et les autres du brancard
Saisissent chacun un quart.

Alors de l'affreux repaire
Sort le cortège sanglant ;
Colard et Bancal devant,
Bousquier, Bach, portaient derrière ;
Missonnier, ne portant rien,
S'en va la canne à la main.

En allant à la rivière,
Jausion tombe d'effroi.
Bastide lui dit : Eh quoi !
Que crains-tu ? Le cher beau-frère
Lui répond : Je n'ai pas peur,
Mais tremblait comme un voleur.

Enfin l'on arrive au terme,
Le corps désempaqueté
Dans l'Aveyron est jeté ;
Bastide alors, d'un air ferme,
S'éloigne avec Jausion :
Chacun tourne les talons.

Par les lois de la physique,
Le corps du pauvre innocent,
Se trouvant privé de sang,
Par un miracle authentique,
Surnage aux regards surpris,
Pour la gloire de Thémis.

L'on s'enquiert et l'on s'informe.
Les assises d'Aveyron
Prennent condamnation,
Par un arrêt bien en forme,
Qui pour quelque omission
A subi cassation.

En vertu d'une ordonnance,
La cour d'assises d'Albi
De ce forfait inouï
En doit prendre connaissance ;
Les fers aux mains et aux pieds,
Ces monstres sont transférés.

Le chef de gendarmerie,
Et le maire de Rodez,
Ont inventé tout exprès
Une cage bien garnie,
Qui les expose aux regards
Comme tigres et léopards.

La procédure commence ;
Bastide, le rodomont,
Au témoin, qui le confond,
Parle avec impertinence.
Quoique entouré de recors,
Il fait le drôle de corps.

Tous adoptent le système
De la dénégation ;
Mais cette œuvre du démon
Se renverse d'elle-même,
Et leurs contradictions
Servent d'explications.

Pressés par leur conscience,
Bach et la Bancal, tous deux,
Font des aveux précieux ;
Malgré cette circonstance,

Les beaux-frères accusés
N'en sont pas déconcertés.

Qui vous a sauvé, Clarisse ?
Dit l'aimable président ;
– Il vous faut, en ce moment,
Le nommer à la justice :
Est-ce Veynac ou Jausion ?
– Je ne dis ni oui ni non.

Clarisse voit l'air farouche,
Que sur elle on a porté ;
– Non, l'auguste vérité
Ne peut sortir de ma bouche...
Je ne fus point chez Bancal...
Mais, quoi ! je me trouve mal...

On prodigue l'eau des Carmes ;
Clarisse aussitôt revient ;
A Bastide qui soutient
Ne connaître cette dame,
Elle dit : Monstre enragé,
Tu as voulu m'égorger.

Si l'on en croit l'éloquence
De chacun des avocats,
De tous ces vils scélérats,
Manifeste est l'innocence ;
Mais, malgré tous leurs rébus,
Ce sont des propos perdus.

De Clarisse l'innocence
Paraît alors dans son jour :
Elle prononce un discours
Qui commande le silence,
Et n'aurait pas plus d'éclat,
Quand ce serait son état.

« Dans cet asile du crime,
« Imprudente et voilà tout,

« Pleurs, débats, j'entendis tout,
« Derniers cris de la victime ;
« Me trouvant là par hasard,
« Et pour un moment d'écart. »

A la fin, tout débat cesse
Par la condamnation
De Bastide et de Jausion ;
Colard, Bach et la tigresse,
Par un légitime sort,
Subissent l'arrêt de mort.

De la clémence royale,
Pour ses révélations,
Bach est l'objet. Pour raisons
On conserve la Bancale ;
Jausion, Bastide et Colard
Doivent périr sans retard.

A trois heures et demie,
Le troisième jour de juin,
Cette bande d'assassins
De la prison est sortie,
Pour subir leur châtiment,
Aux termes du jugement.

Bastide, vêtu de même,
Et Colard comme aux débats,
Jausion ne l'était pas,
A sa famille qu'il aime,
Envoie une paire de bas,
En signe de son trépas.

Malgré la sainte assistance
De leurs dignes confesseurs,
Ces scélérats imposteurs
Restent dans l'impénitence,
Et montent sur l'échafaud
Sans avouer leurs défauts.

(Dernières paroles de Jausion
à sa femme.)

« Épouse sensible et chère,
Qui, par mon ordre inhumain,
M'as si bien prêté la main
Pour forcer le secrétaire,
Élève nos chers enfants
Dans tes nobles sentiments. »

LES DÉLICES DE LA VIE QUOTIDIENNE

Les grands criminels étant aussi rares – quoique moins nocifs à terme – que les fins politiques ou les chefs militaires de valeur, la presse ne pouvait se permettre d'attendre que viennent des assassins de génie ou des victimes de choix pour alimenter ses pages et répondre ainsi à la ferveur d'un public chaque jour plus avide de crimes.

Il est dommage qu'aucune étude n'ait déterminé ce que les progrès de l'instruction publique doivent à la relation des faits divers. Il est certain, en tout cas, que bien des illettrés, obligés d'attendre qu'on veuille bien leur faire la lecture des derniers exploits des malfaiteurs, éprouvèrent alors l'impérieux besoin d'apprendre à lire !

Il faudrait des milliers et des milliers de pages pour recenser toutes les histoires qui mirent un peu de saveur dans une vie quotidienne aussi terne qu'aujourd'hui malgré les pulsions révolutionnaires et les embrasements du romantisme. Quelques-unes, sans d'autre rapport entre elles que leur humour involontaire, permettent de camper une galerie de portraits peu conformistes en un siècle qui le fut tant.

L'hiver 1818-1819 ne fut pas particulièrement rigoureux dans la région parisienne. Aussi, les élégantes, bien que chaudement vêtues, n'accumulaient-elles pas les linges sur elles. Une bande de plaisantins eut alors la piquante idée de refroidir les unes et de réchauffer les autres en flattant de manière nouvelle la partie la plus charnue de ces dames.

Ces piqueurs d'un nouveau genre exerçaient leur talent dès que l'occasion – en l'occurrence une paire de fesses – se présentait. Ils utilisaient pour ce faire des stylets aiguisés à souhait. Certains, moins fortunés ou plus rustiques, se contentaient d'un couteau de cuisine. D'autres, enfin, plus ingénieux, se servaient d'une sorte de poinçon.

La nouvelle de ces agressions se répandit dans la capitale comme une traînée de sang. Bientôt, on piqua allègrement le derrière des dames dans tous les endroits possibles : au théâtre, au cabaret, dans la rue, aux galeries du Palais-Royal. Les filles du peuple, moins soucieuses de l'intégrité de leurs appas, s'amusaient de l'effroi des bourgeoises et des aristocrates.

Mais qui donc eut l'idée de divertir son hiver par un exercice plaisant bien que singulier ? Malheureusement, la chronique du temps n'a pas retenu le patronyme de ce talentueux innovateur. Il semble, selon des témoignages, que le premier des piqueurs ait eu l'allure d'un officier en demi-solde et qu'il arborait fièrement le ruban de la Légion d'honneur. De là à conclure que c'était un bonapartiste impénitent !

La première victime, elle aussi oubliée par la postérité, prenait le frais sur un banc du jardin des Tuileries lorsqu'elle s'évanouit presque sous l'effet d'une saisissante douleur au bas du dos. Ses sauts de carpe lui attirèrent la sympathie de passants qui l'aidèrent à gagner le château des Tuileries. Un médecin détermina qu'un instrument pointu et tranchant avait pénétré quelque peu dans son intimité.

Les rieurs avaient à peine fini de s'esclaffer que, trois jours plus tard, une bourgeoise qui se promenait au bras de son mari, dans les galeries du Palais-Royal, ressentit à son tour une présence inopinée au-dessus de sa hanche gauche. Ses gesticulations peu esthétiques n'empêchèrent pas son mari d'apercevoir un inconnu qui s'enfuyait en courant.

Les attentats, vrais ou inventés, se multiplièrent à une telle rapidité que, dans chaque livraison de *l'Indépendant, le Fanal, les Débats* ou *la Gazette de France,* on pouvait lire les ravages exercés par les piqueurs. L'émotion fut à son comble, le 3 décembre 1818, lorsque la préfecture de police se crut obligée d'adresser un communiqué à la presse :

« Un particulier, dont on n'a pu se procurer le signalement que d'une manière imparfaite, se fait, depuis quelque temps, un plaisir cruel de piquer par-derrière, soit avec un poinçon, soit avec une aiguille fixée au bout d'une canne ou d'un parapluie, les jeunes personnes de quinze à vingt ans que le hasard lui fait rencontrer dans les rues. »

La préfecture en faisant porter la responsabilité des attaques sur une seule personne essayait, bien évidemment, d'enrayer la panique chez les femmes. On comprend moins bien l'assertion selon laquelle, contre toute vraisemblance, les victimes auraient toutes été âgées de moins de vingt ans !

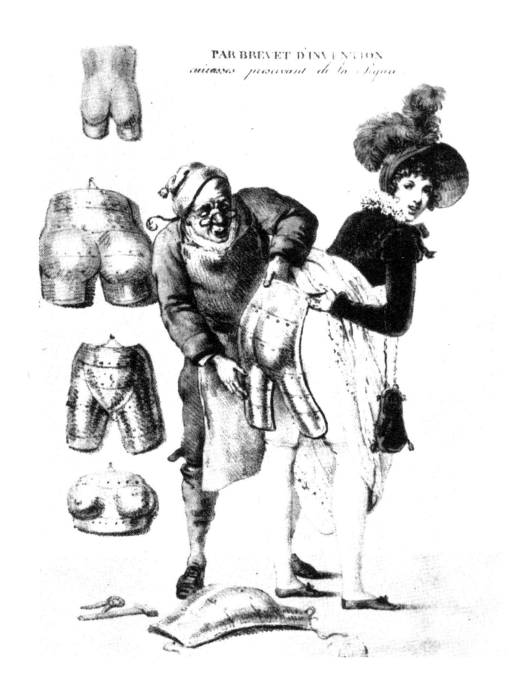

Le commerce ne sommeillant jamais que d'un œil en France, un pharmacien de l'île Saint-Louis mit bientôt en vente, début 1819, une pommade miracle contre les effets des piqûres. Ce baume cicatrisant eut quelques succès auprès d'une clientèle qui, soudainement inspirée, pimentait ses jeux amoureux de saillies qui n'avaient rien d'érotique. Un armurier mit, quant à lui, au point « une cuirasse préservant de la pique ». L'objet en question qui protégeait aussi l'arrière des deux cuisses fut aussitôt surnommé le *protège-fesses*. Les marchands d'estampes se chargèrent de faire connaître cette protection en représentant la pose ou l'essayage de la cuirasse.

Les chansonniers et les caricaturistes rivalisèrent de mauvais goût et une brochure, vendue à la criée, répertoria toutes les complaintes, romances et chansons qu'avait inspirées le geste des piqueurs. La plus connue de ces œuvres s'intitulait tout simplement *le Joli Petit Piqueur*.

Des policiers eurent alors une sorte d'illumination : pourquoi ne pas se servir, comme appât, de filles publiques ? Aussitôt pensé, aussitôt fait. Une vingtaine de péripatéticiennes furent diverties de leurs maisons closes. Elles percevaient cinq francs par jour et par séance pour se grimer en femmes honnêtes et se promener, suivies à distance par des policiers, en attendant l'assaut grivois et piquant. Cette comédie dura huit jours mais aucun piqueur ne fut dupe de ce subterfuge.

La morale fut enfin sauve quand un brave garçon-tailleur de trente-cinq ans, Auguste-Marie Bizeul, fut pris l'arme à la main devant une paire de fesses qui ne lui avait pas été présentée. Le tribunal de police correctionnelle le condamna, le 1er février 1820, à cinq ans d'emprisonnement et cinq cents francs d'amende.

Le piquage passa bientôt de mode et disparut des trottoirs de Paris en 1821. Il y eut bien, de temps à autre, quelques femmes pour prétendre qu'un inconnu avait voulu attenter par le fer à leurs parties charnues, mais aucune d'entre elles ne put présenter à la police des blessures conséquentes et leurs plaintes ne furent donc pas retenues.

Des bandes comme celles des *chauffeurs*, des *faux chouans* et des *compagnons de Jéhu* connurent une grande célébrité sans que leurs exploits pimentent pour autant l'existence des citadins. Une seule de ces confréries, celle animée par Renaud, Ochard et Delaporte, s'installa aux portes de Paris, en 1824, dans les bois de Claye et la forêt de Sénars.

Il n'en n'allait pas de même avec les *associations* de malfaiteurs, composées le plus souvent de trois ou quatre individus, qui faisaient partie intégrante, elles, de la vie de cité. Il arrivait que ces bandes fussent commandées par le principal bénéficiaire de leurs méfaits : le *fourgat* ou receleur pour la loi.

Un épicier de la rue Saint-Jacques à Paris essaya, en 1826, de s'attaquer au problème du chômage chez les ouvriers. Le sieur Poulain recrutait son personnel parmi les serruriers, menuisiers, peintres et maçons. Il eut jusqu'à vingt et un collaborateurs qui alimentaient ses caves. Il tomba, bêtement, suite à un licenciement abusif.

Colin, dit Monrose, aimait s'entourer, la même année, de peintres mais son amour de l'autorité passait avant celui de la peinture. Aussi, si l'un de ses aides lui manquait de parole, il le condamnait à quelque peine dont la moins rude était de passer une nuit sur une chaise sans dormir.

La bande formée par la famille Nathan travaillait dans la gentillesse et la bonne humeur. Le patriarche, qui exerçait la profession de marchand de bois, avait inauguré le siècle par une première condamnation pour vol. A soixante-dix ans passés, en 1852, il fut condamné une dernière fois en qualité de voleur à la tire. Preuve que les rhumatismes n'avaient pas eu raison de son art ! Les comédiens du boulevard du Temple, qu'il dépannait souvent en leur prêtant de l'argent, lui manifestèrent leur sympathie. L'honorable vieillard avait d'ailleurs été pris alors qu'il tirait un porte-monnaie de la poche d'un spectateur aux Funambules.

Ses deux filles, Esther et Rosine, avaient été formées à bonne école. La première, surnommée Minette, volait aux devantures des échoppes et ne dédaignait pas soulager une poche. La seconde fréquentait le meilleur monde et échappa longtemps à la police grâce à ses dons pour le travestissement.

Les femmes, d'ailleurs, ne souffraient d'aucun ostracisme dans la petite pègre. Lina Mondor, dite la Miette, une ancienne vivandière, réunit sous ses ordres, en 1827, une vingtaine de femmes qui pratiquaient au choix la prostitution ou le vol. Louise Bouvier, qui officiait sous le nom de Clara Wendel, régna sur une quarantaine d'hommes. Elle fut condamnée à quinze ans de travaux forcés en 1828 alors que jamais l'un de ses *associés* n'avait fait couler le sang.

C'est sous le règne de Louis-Philippe que le plus de bandes tombèrent entre les mains de la police. Une véritable hécatombe dont on s'explique mal encore aujourd'hui le motif. Adieu, donc, la bande *Châtelain* (1836) ; celle des *cinquante-cinq ;* la bande *Hug* (1841) qui comprenait pas moins de quatre-vingt-dix-sept voleurs affiliés ; les *Chivat* (1841), *Dagory* (1842), *Charpentier* (1843) et autres bandes *Boudin, Courtot* et *Souque* (1844). Un

chapitre ne suffirait pas pour rendre hommage à tous ces malheureux tombés au champ d'honneur du vol. Combien d'*escarpes* (voleurs de nuit) ne subirent-ils pas un sort affreux alors qu'ils souffraient d'insomnie et étaient sortis respirer le bon air de Paris !

En 1845, la Cour d'assises de Paris accueillit sur ses bancs une bande dont il convient de saluer la tenue en tout domaine. Les *Habits-noirs,* ainsi nommés en raison de leur élégance, ne fréquentaient pas les bouges et les garnis. Leurs pas les conduisaient plutôt vers les salons du meilleur monde dont ils flattaient les vices avant de les dévaliser. Ils furent, en quelque sorte, des courtiers en débauche.

La figure la plus intéressante de cette bande fut, sans conteste, Mayliand. Cet ancien officier était, avant toute chose, un flâneur de Paris. L'acteur Lepeintre jeune l'avait surnommé *Cancan* tant sa conversation était

plaisante et lettrée. Il tombera, ainsi que ses complices, pour une affaire de chantage.

Martin Dumollard, avare, voleur et assassin, n'eut pas la gloire qu'il méritait et c'est peu dire que la presse négligea ses sanglants mérites. Ce frustre, surnommé le *sauvage de l'Ain,* ignorait que tuer des bonnes ne rapporte pas grand chose en biens et en renommée. Ah ! si Dumollard s'était attaqué à des bourgeois, son destin – la guillotine exceptée – eut été tout autre !

Mais que reprocha-t-on exactement à cet homme que ses rares laudateurs présentèrent comme un être paresseux, rusé, violent, avide, goulu et luxurieux. Rien ou si peu ! De février 1855 à mai 1861, d'avoir volé, assassiné et parfois violé quatre domestiques qu'il avait attirées sur des chemins de traverse en leur promettant des gages plus rondelets qu'à la ville. Huit tentatives de méfaits identiques sur d'autres bonnes lui furent également imputées.

La disparition d'une bonne ne provoquant guère d'émoi sous le Second Empire, Martin Dumollard aurait pu longtemps encore vaquer à ses occupations, si sa dernière proie, Marie Pichon, n'avait survécu et donné un signalement précis de son agresseur.

Madame Clavier, directrice de l'établissement des Blandines à Lyon spécialisé dans le placement des domestiques, se rappela alors que, six ans auparavant, un homme de la campagne, se disant garçon de peine dans un château près de Trévoux, était venu à deux reprises en septembre et novembre 1855 chercher une fille à gages pour ses maîtres.

La première, Josephe Charlety, avait pris la fuite parce que l'homme

lui répétait sans cesse : « Avez-vous de l'argent ? » ; la seconde, Victorine Perrin, se fit subtilisé ses effets à la lisière d'un bois. Toutes deux, bien évidemment, n'avaient pas porté plainte. Elles avaient trop été habituées à être traitées en moins que rien pour penser à accomplir pareille démarche.

Martin Dumollard serait sans doute resté impuni, malgré le témoignage de Marie Pichon, s'il n'avait été victime du délit de sale gueule qui, contrairement à ce que croient certains *innocents*, n'est pas propre à la société contemporaine. La plupart des guet-apens déjà connus ayant été localisés dans les environs de la petite ville de Montluel et du village de Dagneux, cela inspira des réflexions au cabaretier Joly et au garde champêtre Maule. Tous deux avaient repéré de longue date un maraudeur qui sortait souvent la nuit. Comme l'homme décrit par Marie Pichon, il a les épaules voûtées, la barbe noire, la jambe traînante et il porte une blouse bleue et un chapeau noir à forme haute et à larges ailes, de ceux qu'on nomme *flambards* dans le pays. Joly et Maule s'ouvrirent de leurs soupçons à un brigadier de gendarmerie qui, lui aussi, comme par hasard, n'appréciait guère ce sujet pour le moins étrange qui ne fréquentait ni l'église, ni le cabaret, ni le marché et qui, vérifications faites, était un inconnu pour le maire et le maréchal des logis de Montluel.

Pour faire bonne mesure, on arrêta aussi Anne Martinet, épouse Dumollard, qui, à défaut de mieux, fut accusée de recel. Le 20 janvier 1862, les époux Dumollard comparurent devant la Cour d'assises de l'Ain. Aux cris de « Le voilà ! le voilà » poussés par l'assistance, Dumollard répondit par un sobre « Oui, me voilà », tout en agitant son chapeau.

Le 1er février, après un procès ou ni l'accusation ni la défense ne firent preuve d'un grand talent, Martin Dumollard fut condamné à la peine de mort et sa femme à vingt années de travaux forcés. A l'aube du 8 mars, après avoir demandé à un gendarme de rappeler à sa femme que la Berthet leur

devait toujours vingt-sept francs moins un sou, Dumollard alla d'un pas tranquille à la rencontre de la Veuve.

Il y avait encore beaucoup de Dumollard dans les campagnes françaises lorsque le chemin de fer fit son apparition en reliant d'abord Paris au Pecq, en quatre heures. A coup sûr, selon certains amis de la nature, l'herbe et les vaches ne survivraient pas au passage de la machine infernale !

Moins de cinq ans après l'inauguration de la première ligne et deux ans après l'installation de celle reliant Paris à Versailles, ces Cassandre crurent l'heure de leur triomphe arrivée. Le dimanche 8 mai 1842, la Compagnie des Chemins de Fer avait prévu des trains supplémentaires afin que les loyaux sujets de Louis-Philippe puissent assister, à Versailles, au spectacle de grandes eaux donné en l'honneur du roi des Français.

A cinq heures et demi de l'après-midi, près de six cents personnes quittent Versailles dans quinze wagons tractés par deux locomotives. Entre Clamart et Meudon, la rupture d'un essieu de la première locomotive provoque le drame car, comme aimantée, la seconde locomotive heurte la première. Les cinq premiers wagons s'enflamment aussitôt et des voyageurs se transforment en torches présumées vivantes tandis que d'autres se brisent les cordes vocales pour qu'elles soient à l'unisson de leurs jambes et de leurs bras.

En un peu moins d'une heure, les six cents voyageurs sont devenus une meute hurlante. La garde municipale, la gendarmerie et la troupe auront bien des difficultés à calmer les survivants engagés dans l'éternelle lutte du chacun pour soi. Il sera d'ailleurs difficile, pour ne pas dire impossible, d'établir une comptabilité séparée entre les morts imputables à la catastrophe ferroviaire et ceux dus à l'étouffement et au piétinement. En tout cas, à l'arrivée, les résultats seront sans appel : trente-neuf morts et soixante-quatre blessés. Certaines victimes ayant été prématurément carbonisées, leur identification prendra du temps et c'est ainsi que Paris n'apprendra que le lendemain la disparition du contre-amiral Dumont d'Urville qui, deux ans plus tôt, le 21 janvier 1840, avait découvert, sous le cercle polaire, une terre inconnue, couverte de neige à laquelle il avait donné le prénom de sa femme, Adélie. Celle-ci, d'ailleurs, n'eut pas le privilège de devenir la veuve d'une célébrité puisqu'elle mourut à ses côtés.

Tandis que, le lendemain du drame, des ouvriers et des militaires, pour une fois côte à côte et non face à face, dégageaient à la pelle les restes des victimes, l'Académie des sciences discutait de l'utilité de poursuivre ou non l'exploitation du chemin de fer !

Les marchands de complaintes avaient, quelques années auparavant, battu des records de vente avec *la Complainte de Fieschi* dans laquelle était narrée l'histoire édifiante du régicide maladroit qui, en voulant libérer Louis-Philippe de son trône le 28 juillet 1835, avait raté sa cible mais tué pas moins de seize personnes avec sa machine infernale. Le train Versailles-Paris leur inspira une ballade qui, sur l'air de *Lucie la poitrinaire,* connut un vif succès auprès du public :

Abandonnant les futiles plaisirs,
La foule et noble et travailleuse,
Dans les chars monte insoucieuse,
Émue encor de ses heureux loisirs,
La cloche sonne, et la gorge enflammée,
Du remorqueur, a vomi la fumée ;
Et le convoi, soudain, a pris son cours :
La machine roulait toujours !...

Le vent courait avec rapidité ;
Mais sa course était bien moins vive
Que la prompte locomotive
Dans son fougueux élan précipité.
Au loin la mort, à la face hideuse
Ouvrait ses bras à la foule joyeuse
De souvenirs, de plaisirs et d'amour :
La machine roulait toujours

Un choc affreux a retenti dans l'air
Comme un bruit lointain de tempête ;
Le malheur qui soudain s'apprête,
Casse l'essieu d'où jaillissait l'éclair.
Mais se cabrant ainsi qu'une cavale
Dont le sabot lutte avec la rafale,
Quittant le rail et brisant ses contours :
La machine roulait toujours.

En mille éclats s'envole au loin le fer ;
Le monstre à la gueule béante,
En crachant une lave ardente,
Semblait sortir tout droit de l'enfer.
Chaque Wagon, qui crie et se fracasse
Sur ses débris, en se ruant s'entasse.
Malgré cela, se traînant à pas lourds,
La machine roulait toujours.

La flamme, alors, de ses langues de feu,
Léchant et les chars et la foule,
Couvrait de son ardente houle
Les corps humains dont l'âme allait à Dieu.
Pauvres humains qui, dans la matinée,
Le cœur joyeux bravaient la destinée,
Se promettant encore de beaux jours :
La machine roulait toujours.

Les cris d'horreur au désespoir mêlés,
Sortant des cellules brûlantes,
Fuyaient, en plaintes accablantes,
Au vent du soir vers Paris envolés.
Puis tout s'endort sous l'aile du silence,
Dans l'air brumeux aucun bruit ne s'élance.
Aucun ! sinon quelques soupirs confus
La machine ne roulait plus.

Un éditeur, Mme Veuve Aubert, devait faire fortune en publiant des récits de catastrophes ferroviaires. Celles-ci se multiplièrent sous le second Empire lorsque Napoléon ouvrit la voie aux affairistes du rail. Les bégaiements du progrès firent la fortune du chanteur populaire Gustave Chaillier dont le « Raillons tout ce qui déraille » devint une sorte de cri de ralliement pour ceux qui, une fois pour toutes, avaient décidé de s'amuser des extravagances de l'actualité.

Un homme d'affaires particulièrement averti, Jules Mirès, transformera le rail en or et sera à l'origine de l'un des plus beaux scandales financiers du siècle dernier. Ce spéculateur-né, volontiers violent, qui avait comparu devant les assises, en 1845, pour avoir voulu poignarder l'un de ses frères, acheta en 1848 le *Journal des Chemins de fer,* une petite feuille industrielle et financière.

En quelques années, Jules Mirès devint la référence de tous les porteurs de titres, gros ou petits. Tout en créant, la *Caisse des Actions réunies* dont l'unique objectif était la spéculation, l'habile homme mit la main sur le *Pays,* un journal qu'il offrit à la cause du prince-président.

Jules Mirès savait attirer les dupes en les faisant rêver de voyages purement financiers. Du chemin de fer pyrénéen à celui de Pampelune à Saragosse en passant par les Chemins de fer romains, la locomotive Mirès spéculait sans trop se préoccuper de la loi.

Lorsqu'un grincheux du nom de Pontalba portera plainte, en 1861, pour faux en écriture de commerce, détournement d'actions, escroquerie et abus de confiance, la presse, d'habitude si prompte à dénoncer les vices et les turpitudes des voleurs, sera d'une grande discrétion. Il n'aurait pas été de bon ton de mettre en cause le gérant du *Constitutionnel* !

Un an avant que l'affaire n'éclate, M. Raynouard, un collaborateur de Mirès, démissionnait de ses fonctions en mettant en cause « l'aversion instinctive pour la légalité » de son patron. Celui-ci, après maintes péripéties devant les tribunaux, devait finalement être blanchi.

Jules Mirès n'a pas plus inspiré les chansonniers que les journalistes. Détail amusant, Mirès avait conseillé le pouvoir lorsque celui-ci avait voulu faire financer par des souscriptions publiques les guerres de Crimée et d'Italie. Un humaniste, en somme. On comprend, dès lors, qu'aucun scribe ne se soit intéressé à son cas...

LES APOTHICAIRES DU DIABLE

Marie Lafarge

Simple, efficace, rapide et propre. Cette énumération non exhaustive des raisons qui plaident pour l'emploi du poison n'altère en rien les qualités propres à chaque empoisonneur. En ce domaine, comme dans tant d'autres, les femmes montrèrent souvent plus de doigté que les hommes. L'habitude, diront certains, de servir le bouillon !

Au siècle dernier, pour des motifs diamétralement opposés, deux empoisonneuses se distinguèrent particulièrement. La première, Marie Lafarge, fut une dilettante accusée d'un seul crime ; la seconde, Hélène Jégado, une véritable professionnelle au palmarès époustouflant : vingt-six empoisonnements et huit tentatives non couronnées de succès.

Ces deux femmes, que treize ans seulement séparaient, appartenaient à deux univers qui se croisaient sans se voir. Rien de commun, en effet, entre Marie Cappelle, fille de colonel et épouse du maître des forges Lafarge, et Hélène Jégado, orpheline dès l'âge de sept ans et presque aussitôt domestique ! L'une tua peut-être pour ne pas décevoir ses rêves, l'autre pour que ses victimes comprennent, en expirant, quel était son cauchemar.

« Il boîte avec esprit », aurait dit la jeune Marie Cappelle après une visite de Talleyrand dans la propriété familiale de Villers-Hellon. La fillette vit alors au diapason d'une société où l'on bâille avec élégance. Mais il est bientôt temps pour elle de rejoindre la maison royale de Saint-Denis où on lui apprendra comment tenir son rang.

Son père et sa mère, en disparaissant prématurément, feront d'elle une orpheline dotée de quatre-vingt-dix mille francs. « Je suis folle... Ma tête se perd. Vous avez de l'honneur, je crois en vous, sauvez-moi par le silence le plus complet », écrit-elle à un jeune homme qu'elle trouve mélancolique à souhait.

Cette amourette romanesque avec le fils de l'apothicaire Guyot n'aura pas de suite, mais, déjà, Marie révélait le trait dominant de sa personnalité. Elle rêvait plus les êtres qu'elle ne les voyait sous leur vrai jour. En 1838, alors qu'elle a déjà atteint l'âge canonique de vingt-deux ans, ses oncles et ses tantes décident de lui trouver un époux. Justement, Charles-Joseph Pouch Lafarge, veuf de fraîche date, trouve que les hivers sont frais et qu'une chaufferette de chair serait la bienvenue dans sa couche.

Lorsque, à vingt-huit ans, on possède une usine, un haut-fourneau, deux cent mille francs en fonds de terre et trente à trente-cinq mille de revenus grâce à sa forge, on ne saurait être laid malgré des apparences contraires. Bref, en cinq jours le mariage fut conclu pour le meilleur et, bientôt, le pire.

Charles-Joseph Pouch Lafarge n'était pas une brute, mais un propriétaire habitué à voir ses métayers, ouvriers et domestiques se soumettre, sans discuter, à tous ses désirs. Aussi, le soir de ses noces, dans un hôtel d'Orléans, entendit-il marquer son territoire. Il semble que Marie Lafarge, qui avait sans doute trop lu de mauvais romans, aurait souhaité plus de romantisme et moins d'attouchements. S'est-elle refusée à lui comme on l'a dit ? Peut-être. Une seule chose est sûre, le corps de son époux ne lui inspira jamais que du dégoût. Frigide ou végétarienne ? Arrivé dans son château du Glandier, Lafarge entendait bien que son épouse cessât ses « singeries ». Il n'hésitait pas à la traiter de « bégueule » devant ses gens et se moquait de ses « nerfs ». Dès lors, plus que jamais, elle plonge en elle-même et s'accroche à ses chimères comme à des bouées. Le 15 août 1839, elle écrit à son époux pour lui proposer une séparation à l'amiable : sa liberté contre tous ses biens. Des cris et des menaces constituèrent l'essentiel de l'accusé de réception !

Les Lafarge, que lie malgré tout l'amour des apparences, donnent le change en société et Marie se piquera même de s'intéresser à une invention de ce mari aux ongles perpétuellement en deuil, mais, une fois dans la solitude de sa chambre, elle se grise à nouveau de mots avec un incontestable bonheur d'écriture. « Le malheur de cette vie, confie-t-elle dans une lettre

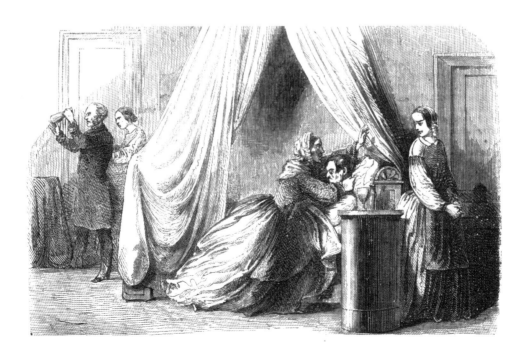

du 25 août à madame de Montbreton, est qu'on y rêve avant de vivre, et que rien n'est triste comme la déception. »

Les seules marques de tendresse qu'échangeront jamais ces deux êtres, ce seront deux testaments. Marie dans ses *Mémoires* prétendra que c'était pour que son mari pût emprunter sur sa fortune. Lafarge s'étant rendu à Paris pour ses affaires, sa tendre épouse lui expédiera des douceurs un rien laxatives qui le mirent sur le flanc. C'est un homme fatigué et souffrant qui revient chez les siens le 5 janvier 1840.

Charles Lafarge, soigné de près par Marie, vomira désormais avec une constance remarquable. Le pauvre homme, pris d'hallucinations, voit des rats partout. Aussi, son obéissante épouse écrit-elle par deux fois au pharmacien Eyssartier pour qu'il lui procure de l'arsenic.

Frénétique dans le vomissement comme d'autres le sont dans l'amour, Lafarge s'épuise et épuise son entourage qui n'en peut plus. Marie Lafarge et madame Lafarge mère se disputent l'honneur d'assister au ballet des domestiques. Les médecins Bardou et Massenat concluent provisoirement à un mouvement spasmodique de l'estomac, ce qui prouve qu'ils avaient plus d'humour que de compétence.

Entre deux disputes avec une belle-mère de plus en plus présente et pesante, Marie s'active et reçoit livraison, le 10 janvier, d'un paquet de soixante-quatre grammes d'arsenic qu'elle montre aussitôt – comprenne qui voudra – à son malade de mari. Le 14 janvier, enfin, celui-ci exhalait un dernier soupir à l'arsenic.

Dès le lendemain, le procureur du roi demanda qu'il fût procédé à une autopsie. Les restes du pauvre Lafarge connurent dès lors une gloire sans pareille. C'est peu dire qu'on se les arracha ! L'estomac, les intestins et les digestions furent placés dans des bouteilles non scellées et le tout fut porté à Brives où quatre médecins procédèrent aux analyses d'usage. C'est peut-être ce jour-là que l'affaire Lafarge commença vraiment et prit toute sa dimension : la première bataille d'experts de l'histoire judiciaire.

En effet, aucune précaution ne fut prise et plus tard, lors des contre-expertises, on s'aperçut que des vases étaient introuvables et qu'il y avait eu des confusions d'étiquettes. Lafarge, si soucieux de ses biens, n'aurait pas apprécié d'être ainsi déposé, telle une quelconque charogne, dans des vases ouverts ou recouverts d'une mauvaise toile qui seront laissés à l'abandon, entre deux manipulations par les experts, dans une chambre sans surveillance ni serrure.

Le rapport d'analyses rendu le 19 janvier ne laissait planer aucun doute. L'acide arsénieux régnait en maître sur les restes de Lafarge ! Pendant que son mari livrait, bien malgré lui, des secrets bien contestables, Marie Lafarge s'habituait à son nouvel état de veuve avec juste ce qu'il faut d'affliction pour ne pas paraître tout à fait inhumaine.

Elle ne profita pas bien longtemps de ses voiles noirs car, le 25 janvier, elle était écrouée à la prison de Brive où elle découvrit vite les joies du gibier durant une chasse à courre. La curée fut complète lorsque la vicomtesse Léautaud, une amie bien intentionnée, l'accusa d'avoir dérobé des bijoux durant un séjour chez elle en juin 1839. Cette grotesque affaire de quincaillerie empoisonnera un climat déjà tendu. Marie la frigide attise les passions et on se dispute au nom de son innocence ou de sa culpabilité. La femme disparaît derrière le mythe naissant.

Il n'y avait plus une chambre à louer dans Tulle et ses environs lorsque, le 2 septembre 1840, commença le procès de Marie-Fortunée Cappelle, veuve Lafarge. Dès cinq heures du matin, la foule commença à s'agglutiner aux alentours du palais de justice et la pression des curieux fut telle à l'ouverture des portes que des témoins eurent du mal à trouver une place.

Pourtant, il faut le reconnaître, la justice avait bien fait les choses puisqu'on avait construit une tribune pour les dames et que la salle de spectacle pouvait contenir pas moins de trois mille personnes.

Maître Paillet, après avoir malmené quelques témoins de l'accusation, donna lecture d'une lettre d'Orfila, le célèbre chimiste :

Paris, le 20 août 1840.

Monsieur,

Vous me demandez par votre lettre du 17 de ce mois s'il suffit, pour affirmer qu'une liqueur recueillie dans le canal digestif d'un cadavre, ou préparée en faisant bouillir dans l'eau distillée une partie de ce canal, contient de l'acide arsénieux, d'obtenir avec elle et l'acide sulfurique « un précipité jaune, floconneux, soluble dans l'amoniaque ». Non, monsieur ; tous les médecins légistes prescrivent de réduire par un procédé quelconque le précipité jaune, et d'en retirer « l'arsenic métallique ». J'ai longuement insisté dans mes ouvrages sur la nécessité de recourir à cette extraction, et j'ai vivement blâmé ceux qui, ayant négligé de le faire, concluaient cependant à la présence d'un composé arsenical dans les flocons jaunes dont ils s'agit.

En 1830, Barruel et moi nous avons exposé dans le tome troisième des Annales d'hygiène *une affaire judiciaire dans laquelle vous trouverez la solution de la question que vous m'adressez. Des experts, qu'il est inutile de nommer, élevaient de graves soupçons d'empoisonnement, par cela seul qu'ils avaient obtenu, en traitant certains liquides par l'acide sulfurique, un précipité jaune, floconneux, soluble dans l'amoniaque. Nous reconnûmes que cette prétendue préparation arsenicale jaune ne contenait pas un atome d'arsenic, lorsqu'on cherchait à la réduire, et qu'elle n'était autre chose qu'une matière animale* contenue dans la bile. M. Chevallier vient d'insérer dans le dernier numéro du Journal de chimie médicale *une note dans laquelle il annonce avoir trouvé deux fois, depuis 1830, une substance analogue.*

Agréer, monsieur, l'assurance de ma considération distinguée.

Orfila.

Le tribunal ne pouvait faire moins que de demander une contre-expertise. La moitié des matières organiques et des substances suspectes fut confiée à MM. Dubois père et fils et Dupuytren qui, le 5 septembre, rendirent leur verdict : pas une seule trace d'arsenic. Alors que les avocats de la défense et l'accusée se congratulaient, l'accusation accusait le coup avant de demander une nouvelle expertise et l'exhumation du corps de Lafarge.

L'exhumation eut lieu le 8 au matin et commença alors une macabre comédie au nom de la science et de la justice réunies. Des flots de chlorure furent déversés autour de la tombe avant que le cadavre en bonne voie de décomposition fût extrait du cercueil. Des pots de faïence servirent de récipients pour les différents morceaux et le tout fut porté au palais de justice.

Six fourneaux, chauffés par un immense brasier, ne suffirent pas à vaincre les exhalaisons putrides qui, bientôt, envahirent la salle d'audience. Les chimistes ne perdirent pas de temps et, le lendemain, ils rendirent leurs conclusions qui confirmaient celles des précédents experts : aucune tache arsenicale.

« Et depuis quand le sanctuaire de la justice est-il devenu une arène pour les mauvaises passions ? », s'écria l'avocat général qui, c'est le moins que l'on puisse dire, n'apprécia pas le triomphalisme de la défense. La Cour envisagea un temps de renvoyer l'affaire à une autre session mais, finalement, on résolut de faire appel à Orfila lui-même pour une quatrième expertise.

Nimbé de sa gloire et assisté de MM. de Bussy et Ollivier, Orfila arriva le 13 à Tulle et commença aussitôt ses travaux pratiques. Deux jours plus tard, un rien théâtral, le savant, alors qu'éclatait un orage sur Tulle, asséna ses vérités.

« Je vais, annonça-t-il, diviser ce que j'ai à dire en quatre parties :

1° Je démontrerai qu'il existe de l'arsenic dans le corps de Lafarge.

2° Que cet arsenic ne provient pas des réactifs avec lesquels nous avons opéré, ni de la terre qui entourait le cercueil.

3° Je montrerai que l'arsenic, retiré par nous, ne vient pas de cette portion artisanale qui existe naturellement dans le corps de l'homme.

4° Enfin, je ferai voir qu'il n'est pas impossible d'expliquer la diversité des résultats et des opinions dans les expertises qui ont été antérieurement faites, comparées avec la nôtre. »

La longue démonstration d'Orfila, pour intéressante qu'elle fût, se perdit dans l'indifférence générale tant ses premières paroles avaient provoqué un choc dans l'assistance. Quatre jours plus tôt, l'avocat général n'avait-il pas laissé entendre qu'il commençait à avoir des doutes quant à la culpabilité de l'accusée !

Malade, Marie Cappelle, veuve Lafarge, n'entendit pas sa condamnation aux travaux forcés à perpétuité. Ce fut Maître Lachaud qui se chargea de lui annoncer la sentence. Plusieurs jurés ayant exprimé en public leurs préventions contre celle qu'il devait juger avant même le début du procès, la sérénité de la justice fut mise en cause par une partie de l'opinion publique.

Je suis innocente et bien malheureuse, monsieur ! Je souffre et j'appelle à mon aide votre science, votre cœur.

Des expériences chimiques m'avaient rendu une partie de cette opinion qui me torture depuis huit mois. M. Orfila est arrivé, et je suis retombé dans l'abîme.

J'espère en vous, monsieur ; prêtez à la pauvre calomniée l'appui de votre science ; venez me sauver, alors que tout m'abandonne.

Marie Lafarge

Comment Raspail aurait-il pu demeurer insensible à cette lettre qu'un jeune avocat du barreau de Limoges lui apporta le 17 septembre, à onze heures du soir ? De plus, Raspail ne portait pas particulièrement dans son cœur Orfila avec qui il avait polémiqué jadis. La légende veut que les deux hommes aient mis quarante heures pour gagner Tulle et que, jusqu'à la dernière minute du procès, Marie Lafarge ait attendu la venue de son « sauveur ». Une seule chose est certaine : ils arrivèrent trop tard !

Le lendemain de son héroïque équipée, Raspail rendit visite à la condamnée et alla ensuite au greffe pour examiner les trois assiettes obtenues par son confrère. Raspail mit violemment en cause Orfila et ses pratiques dans une lettre ouverte au docteur Fabre, rédacteur en chef de la *Gazette des Hôpitaux*. Sa conclusion ne laissait planer aucun doute sur son sentiment profond :

« Le jury a cru que l'impondérable quantité d'arsenic qu'il (Orfila) étalait sur ces assiettes signifiait nécessairement un empoisonnement par l'arsenic : une quantité que M. Orfila a évaluée à un demi-milligramme et que j'estime, moi, à moins d'un centième de milligramme.

Or, si le jury avait pu comprendre d'abord que cette quantité était trop minime pour signifier un empoisonnement, ensuite que cette quantité pouvait provenir du réactif apporté tout exprès de Paris par l'expert de l'accusation elle-même, le jury n'aurait pu condamner Marie Cappelle coupable d'empoisonnement par l'arsenic, car toutes les probabilités morales disparaissent devant l'absence du corps du délit. »

Le pourvoi en cassation de Marie Lafarge fut rejeté le 11 octobre. La condamnée, qui avait alors déjà reçu plus de six mille lettres, devait passer plus de neuf années à la prison de Montpellier. Des journaux de l'opposition établirent une comparaison pour le moins hasardeuse entre ses conditions de détention *luxueuses* – lit, fauteuil, chaise, étagère, petite table à écrire, commode avec lavabo, etc. – avec celles des condamnés politiques détenus au mont Saint-Michel.

Un ordre ministériel mit fin à la polémique en retirant à Marie ses privilèges. A nouveau, bien sûr, l'écriture devint sa compagne. Outre des poèmes, elle rédigea des *Mémoires* et de troublantes *Heures de prison*.
Transférée à la maison de santé de Saint-Rémy le 21 février 1851, elle fut graciée par Napoléon III le 1er juin 1852 et c'est libre qu'elle accueillit la Camarde quelques mois plus tard.

« Vivre pour vivre, quel néant ! » Telle aurait pu être l'épitaphe de cette femme qui, coupable ou innocente, aurait disparu à jamais de la mémoire collective si deux savants de renom ne s'étaient disputés pour quelques traces d'arsenic.

Tous les présumés assassins ne naissent pas libres et égaux entre eux. Marie Lafarge eut des amants de cœur par milliers et ses avocats portèrent sa cause autant qu'ils la plaidèrent. Rien de tel avec Hélène Jégado. Ce n'est pas une femme, ni même une personne humaine, à peine une silhouette, que l'on transformera en monstre sans même vraiment l'avoir regardée une seule fois.

D'un curé à l'autre, telle fut l'enfance d'Hélène, domestique comme l'étaient les deux tantes qui l'avaient recueillie après la disparition de ses parents. Fut-elle maltraitée par les hommes en soutane ? Ni plus ni moins que n'importe quelle bête de somme ! Personne, d'ailleurs, ne cherchera à découvrir quand et comment une sourde révolte avait surgi dans l'esprit de cette femme faite ombre par les circonstances de son existence.

Un nouveau prêtre, M. Le Drogo, l'engage en 1833. En un peu plus de trois mois, du 28 juin au 3 octobre, sept personnes rendirent leur âme au diable dans la maison du curé parmi lesquelles Anna, la sœur d'Hélène, elle aussi domestique, le père et la mère du prêtre et celui-ci qui, bien nourri et de constitution robuste, résista trente-deux heures aux forces du mal qui l'assaillaient en sa demeure.

Toutes les victimes avaient vomi d'abondance avant de s'en aller malgré les soins que leur prodiguait Hélène. La malheureuse paraissait très affectée par cette épidémie contre laquelle elle luttait de son mieux. Un seul corps, celui du prêtre comme par hasard, fut autopsié par le docteur Galzain. Le piteux état des voies digestives et l'inflammation des intestins intriguèrent le médecin mais la piété manifestée par Hélène désarma sa curiosité. Qui aurait eu le front de soupçonner une personne qui priait si bien ?

Hélène n'attendit pas l'arrivée d'un nouveau curé et elle partit servir un autre prêtre à Bubry où avait peiné auparavant sa défunte sœur Anna.

Le curé Lorho la consola de son mieux en l'assommant de travail. La jeune femme lui en sut gré puisqu'il y eut seulement trois décès en trois mois : la tante d'Hélène, Marie-Jeanne Liscoüet, la sœur et la nièce du curé.

Hélène avait, bien évidemment, soigné ses victimes jusqu'à leur dernier souffle. Son dévouement avait forcé l'admiration de son employeur qui l'a laissa s'en aller à regret. Mais quoi ! Comment retenir en un lieu si maudit une si brave fille !

Après un bref passage chez le curé de Locminé, Hélène délaissa la prêtrise et entra en apprentissage chez une lingère, Marie-Jeanne Leboucher, qui

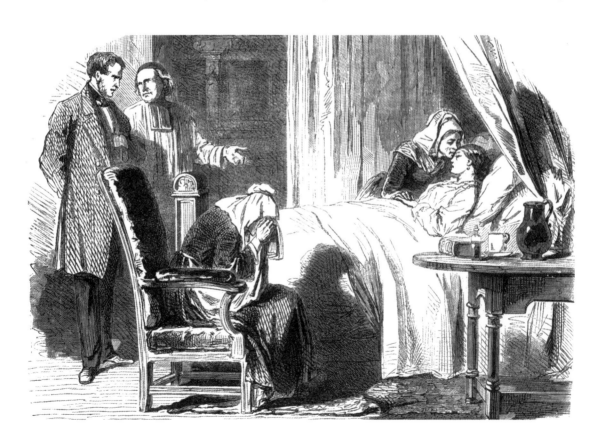

nourrissait et blanchissait une famille par trop nombreuse. Hélène, bonne âme, dégraissa les effectifs en peu de temps. La belle-mère et une nièce de la lingère succombèrent après moult vomissements.

Pierre Leboucher, un neveu, dut sa survie au fait qu'il ne supportait pas la vue d'Hélène et qu'il préféra se soigner seul. Cet échec chagrina Hélène qui rendit son tablier en s'abritant derrière la médisance. « Je crains, confia-t-elle à sa patronne, d'être accusée par la rumeur publique de toutes ces morts. Partout où je vais, la mort me suit. »

Quand on est poursuivi à ce point par les assiduités de « la grande faucheuse », le mieux est encore de se réfugier chez une spécialiste. C'est ce que fit Hélène qui trouva à s'employer chez une veuve. Madame Lorey apprécia tant les potages et les bouillons préparés par sa nouvelle bonne qu'elle en mourut de contentement. Sa belle-mère, la veuve Cadic, ayant accouru pour ne pas laisser l'héritage refroidir, Hélène ne put moins faire que de fondre en larmes dans ses bras en s'écriant : « Que je suis malheureuse ! Partout où je vais à Seglien, à Guern, à Bubry, chez les Leboucher, on meurt ! »

La veuve Cadic avait reçu dans sa jeunesse une bonne éducation. Elle écouta donc sans les entendre les propos de la domestique. Peut-être craignait-elle que celle-ci lui réclamât quelques gages supplémentaires pour les soins prodigués à la moribonde ? Hélène n'eut pas ce mauvais goût. Aussi, la belle-mère de la défunte ne la retint pas davantage. Cette attitude lui sauva sans doute la vie, car, tout compte fait, en moins de dix-huit mois, Hélène avait déjà treize cadavres à son tableau de chasse.

Hélène retourna à Locminé où, le 9 mai 1835, elle entra au service de madame Toursaint. Après s'être fait la main sur une autre domestique, Anne Evéno, elle entreprit de décimer les Toursaint. Le père, la mère et la fille burent jusqu'à la dernière goutte son délicieux bouillon aux herbes. Le fils, sans doute un avare, préféra désormais se passer de gens de maison et il l'envoya œuvrer ailleurs.

La fréquentation assidue des curés n'avait pas détourné Hélène Jégado de la religion. Elle fit donc retraite au couvent du Père-Éternel à Auray où elle fut admise en qualité de pensionnaire. Comme elle n'avait pas accès aux cuisines, la pauvre trouva à se distraire en lacérant les vêtements des élèves. Les religieuses manquèrent de charité et la renvoyèrent à ses précédentes activités. A moins que les sœurs n'aient compris qu'Hélène, elle aussi, à sa façon, travaillait pour le ciel !

La sœur Anne Lecorvec présidait à soixante-dix-sept ans les « Bonnes-Œuvres ». Elle faisait l'admiration de tous en montrant dans ses activités une énergie à toute épreuve. Deux jours de soupe et elle avait gagné en raideur ce qu'elle avait perdu en vitalité. Hélène partit le jour même des obsèques non sans avoir confié à la nièce d'Anne Lecorvec : « Ah ! Je porte malheur ; les maîtres meurent partout où je vais. »

Un mois lui suffit pour avoir presque raison de l'insolente santé d'Anne Lefur qui l'employait à Pluneret. Entre deux services, Hélène s'absentait pour aller voir, prétendait-elle, les sœurs de la communauté d'Aurey. Anne Lefur, en bigote éclairée, appréciait que sa domestique fût tentée par la vocation religieuse. Hélène eut-elle pitié ou se lassa-t-elle ? Toujours est-il que la Lefur s'en tira avec quelques aigreurs d'estomac.

La mauvaise réputation d'Hélène commençait à lui poser des problèmes lors

de ses recherches d'emploi. Elle eut tout juste le temps, avant de quitter Auray, de servir un ultime bouillon à madame Hetel qui, quelques jours plus tard, finit de le digérer au cimetière municipal.

L'âge venant, les performances criminelles d'Hélène s'espaceront dans le temps. Monsieur Kérallic en 1836 et madame Veron trois ans plus tard lui permettront de ne pas perdre tout à fait la main, mais il semble que le cœur n'y était plus. Et puis, désormais, elle connaît souvent l'échec. Ainsi, en mars 1841, chez les époux Dupuy-de-Lôme à Lorient, toute la famille, exceptée une fillette de deux ans, survivra à ses bons soins.

Pendant quelques années, Hélène se calme et n'enjolive plus sa terne existence avec quelques assassinats. Des esprits chagrins l'accuseront d'avoir volé à Vannes, Port-Louis, Rennes, etc. L'atteinte à la sacro-sainte propriété lui sera tout autant reprochée que ses crimes. Alors, pourquoi se serait-elle privée de quelques ricanements macabres supplémentaires !

Le 6 novembre 1849 les Robot l'engage comme domestique à Rennes. Le fils de la famille sera pris de vomissements le 20 décembre et ses souffrances ne cesseront que neuf jours plus tard, la veille de son enterrement. M. Robot faillit défaillir lorsqu'il surprit sa bonne en train de lui voler une bouteille de vin. Il lui donna congé le jour-même en fixant son départ au 13 décembre. Hélène profita de ses dix jours de préavis pour assaisonner les plats à sa façon et c'est sous les vomissements de la famille qu'elle quitta la demeure des Robot.

Une affection croupale aiguë. Tel fut le diagnostic du médecin lorsqu'il eut à examiner le corps du jeune Ozanne, décédé après de longues journées de souffrance et de vomissements. A l'hôtel du Bout-du-Monde, Hélène se conduisit, une fois n'est pas coutume, comme une femme ordinaire en liquidant Perrotte Macé, une autre serveuse, qui bénéficiait des faveurs d'un garçon d'écurie. Elle ne fut pas renvoyée pour ce drame passionnel mais pour un vol de vin et, quinze jours plus tard, elle entrait au service des Bidard où elle eut le grand tort de ne pas se méfier des deux médecins, les docteurs Pinault et Baudoin, qui, à quelques mois d'intervalle, eurent à soigner, pour les mêmes symptômes, Rose Tessier et Rosalie Sarrazin.

Les deux praticiens, fort marris de n'avoir pu sauver ces deux femmes, confièrent leurs doutes au procureur général le 1er juillet 1851. Le jour même, un juge instructeur se présentait chez les Bidard et avant même qu'il n'ait accusé Hélène Jégado de quoi que ce soit, celle-ci s'écria : « Je suis innocente » ; ce qui, bien évidemment, l'accusa formellement.

Les autopsies pratiquées sur les corps de Rose Tassier et de Rosalie Sarrazin et les analyses qui suivirent donnèrent raison aux deux médecins. Il y avait bien de l'arsenic dans les corps des deux victimes. Seul problème, mais de taille : rien n'accusait Hélène qui niait tout en bloc.

« Je ne connais pas l'arsenic ; pas un témoin ne pourra dire qu'il en a vu en ma possession » répétait-elle à chaque fois qu'on l'interrogeait. Nul ne démentit cette assertion. Aussi, à défaut de preuves, la justice se contenta de l'intime conviction du juge d'instruction et la chambre des mises en accusation de Rennes renvoya Hélène Jégado devant la cour d'assises d'Ille-et-Vilaine. Il ne fut retenu contre elle que trois empoisonnements, trois tentatives d'empoisonnement et onze vols. Les autres crimes et délits, en l'occurrence vingt-trois empoisonnements, cinq tentatives et plusieurs vols, remontaient à plus de dix ans et étaient donc couverts par la prescription.

Le procès de celle que l'on surnommait « la nouvelle Brinvilliers » aurait été l'événement marquant du mois de décembre 1851 si, quatre jours avant qu'il ne commence, le prince-président n'avait tenté et réussi son 18 brumaire du pauvre. Néanmoins, il y avait foule, le 6 décembre, pour contempler le monstre de quarante-huit ans qui comparaissait devant la justice.

Maître Dorange demanda, à juste titre, le renvoi de l'affaire à une autre session car, en raison de la situation politique, trois témoins de la défense sur cinq, dont le chimiste Raspail retenu à la prison de Doullens, ne pouvaient se présenter devant le tribunal. Le président préféra suivre l'opinion du procureur général qui s'en remettait à la providence !

Le reste ne fut plus qu'une formalité et aurait été expédié en deux jours au plus s'il n'y avait eu pléthore de témoins de l'accusation. Il flottait comme un parfum de Moyen Âge sur la cour d'assises. Oui, c'est bien une sorcière que l'on jugeait, une « vilaine Bretonne » qui « avait le foie blanc et que son haleine faisait mourir ».

L'avocat de la défense plaidera en vain, le *mystère*, l'irresponsabilité. « C'est qu'il y a en effet, précisera-t-il, dans l'ordre du moral, des profondeurs mystérieuses pour nos raisons humaines, comme il y a pour nos intelligences, dans l'ordre du monde intellectuel, des mystères de génie dont nous ne pouvons apprécier les causes et le mouvement. »

La cause étant entendue dès le début, Hélène Jégado, comparée à Néron et Caligula par le procureur général, fut condamnée à la peine capitale le 14 décembre 1851. Maître Dorange, qui la visitait en prison, la décrira comme joyeuse. Pour la première fois de sa vie sans doute, elle a le temps de rire et de plaisanter. Elle a un rendez-vous d'amour...

Hélène Jégado se livrera, au pied de la guillotine, à une ultime plaisanterie. Elle confiera au greffier et au bourreau le nom de celle qui lui avait inspiré les crimes qu'elle avait commis. Les deux hommes ne tinrent pas compte de ces révélations ; la justice passa et préleva son bol de sang. Le procureur général fit néanmoins vérifier l'information de la suppliciée.

La personne désignée par Hélène Jégado n'était autre qu'une vieille femme impotente dont toute la vie avait été exemplaire. Une sorte de sainte. Une de ces hypocrites qu'elle oubliait en s'enivrant et qu'elle haïssait au point de, parfois, leur proposer une soupe de sa composition. Hélène Jégado ou l'oubli de soi par l'arsenic...

LA CAMPAGNE ADOUCIT LES MŒURS

Rien ne distingue a priori l'assassin des champs de l'assassin des villes. Le premier n'est pas plus fruste ou plus bestial que le second. Il bénéficie seulement, parfois, de l'aide involontaire de la nature qui éveille en lui des sentiments bientôt incontrôlables. On ne naît pas anthropophage ou égorgeur de bergers.

Il n'était pas de tradition chez les Debully, des agriculteurs d'Itteville en Seine-et-Oise, que les enfants restent à ne rien faire. L'inoccupation n'est-elle pas mère de tous les vices ? Le 10 août 1824, vers les quatre heures de l'après-midi, ils conseillèrent à leur fille Aimée-Constance de prendre l'air et d'en profiter pour aller ébourgeonner une pièce de vigne située près du bois de Bondiveau, à un kilomètre du village.

Une louve rôdant dans le canton depuis quelque temps, les parents s'inquiétèrent, une fois la nuit venue, de ne pas voir revenir leur fillette. A douze ans et demi, on peut travailler mais de là à traîner avec on ne sait qui ! Les Debully et leurs fils se rendirent à la vigne et appelèrent Aimée-Constance sur tous les tons.

Ils finirent par trouver, dans un sillon, près d'un ceps, rangés avec ordre comme on lui avait appris à le faire, son chapeau, ses souliers et sa serpette. Encouragés par cette découverte, ils continuèrent leurs recherches dans les bois des environs pendant une partie de la nuit mais celles-ci étant restées vaines, ils avertirent les autorités locales.

Des battues furent organisées et, bien entendu, la louve fut soupçonnée de s'être offert un festin. Hors un mouchoir que les Debully ne reconnurent pas comme leur, les villageois volontaires ne découvrirent aucun indice durant les cinq premiers jours et nombre d'entre eux commençaient à se décourager et à penser aux travaux qui les attendaient dans leurs champs. Et si Aimée-Constance avait fugué ?

Leurs efforts à tous furent récompensés lorsque, le 16 août, des habitants de Cerny, après avoir poussé leur battue jusqu'aux Roches de la Charbonnière, remarquèrent, dans une crevasse, des branchages de fougère fanées qui paraissaient avoir été récemment piétinés. Ils les écartèrent ainsi que le foin, la paille et les feuilles qui dissimulaient l'entrée d'une grotte dans laquelle ils descendirent pour poursuivre leurs investigations.

Un spectacle peu ragoûtant les attendait dans ce qui ressemblait, peu ou prou, à une décharge publique. Des débris d'artichauts, d'oignons, de cosses de pois et d'épis de blé jonchaient le sol et, dans un coin, une litière de foin et de mousse semblait avoir servi de couche il y a peu.

Ce capharnaüm ne justifiait en rien l'odeur pestilentielle qui règnait dans la grotte. Un fumet de charogne ! Les recherches reprirent de plus belle malgré les exhalaisons putrides et, à la lueur d'un flambeau, ils sortirent d'une cache un cadavre en putréfaction. Les cuisses étaient repliées sur le bas-ventre.

Les Debully identifièrent la chemise et le jupon plus que les restes. Un chirurgien, appelé sur les lieux, constata que le corps avait été ouvert dans toute sa longueur avec un instrument tranchant dont la pointe avait servi à établir, ici et là, une multitude de petites plaies. Alors que la tête de la fillette était encore gorgée de sang, le chirurgien constata avec surprise que le cœur et les vaisseaux sanguins qui l'environnent étaient desséchés.

Tous les étrangers, qui passaient dans les campagnes de Seine-et-Oise, devinrent des suspects aux yeux des paysans qui craignaient que l'assassin ne récidive lorsqu'il aurait, à nouveau, soif de sang. En fait, ils pouvaient dormir tranquille car, depuis le 12 août, l'homme reprenait des forces dans une cellule où il avait été conduit pour vagabondage après qu'un garde du canton l'ait interpellé en raison de son allure suspecte et de sa mine patibulaire.

Le vagabond avait déclaré s'appeler Antoine Léger et s'être enfui de chez lui, le jour de la Saint-Jean, sur un coup de tête, avec seulement cinquante francs en poche. « Je me promenais, avoua-t-il, depuis un jour et demi dans le bois où vous venez de m'arrêter. Je ne savais où me portaient mes pas ; j'allais où mon désespoir me portait. »

Antoine Léger aurait certainement été remis en liberté si, amené devant l'adjoint de la commune, il ne s'était lancé dans un discours incohérent. Ne prétendait-il pas être un forçat évadé de Brest ! Ces propos, plus le fait qu'il ne possédait aucun papier mais était porteur de deux couteaux dont l'un avait une lame bien aiguisée, le rendirent suspect. De quoi ? Personne n'aurait pu le dire ! Une inculpation pour vagabondage le mit à l'ombre pour quelque temps en attendant mieux.

Léger, décidément bien bavard, fit des confidences à ses compagnons de cellule et se vanta d'avoir couché dans les bois des environs en se nourrissant uniquement d'artichauts et de blé. La justice n'étant pas sourde à la délation de prisonniers désireux de se faire bien voir, le bavardage de Léger fut bientôt considéré comme un aveu implicite.

Plusieurs femmes vinrent témoigner qu'elles avaient aperçu un homme d'une laideur effrayante dans les bois où l'on avait retrouvé la dépouille d'Aimée-Constance. On les confronta avec le prisonnier et toutes le reconnurent d'une seule et même voix. Certaines prétendirent même que Léger les avait abordées et qu'elles avaient pris la fuite devant le monstre.

Les à-peu-près se multiplièrent comme à l'envi dans cette enquête. Il fallait que Léger fût coupable. Donc, il le fut ! On alla jusqu'à comparer un mouchoir qu'il possédait avec celui trouvé au début des recherches et comme ils étaient de la même toile, ou en conclut que les deux appartenaient au suspect. Enfin, on estima que les blessures ne pouvaient avoir été faites qu'avec le fameux couteau en possession du prisonnier. Faut-il préciser qu'aucun coutelier ne fut consulté !

Léger, soumis à de multiples pressions, passa aux aveux sur le lieu du crime et narra une histoire aussi saugrenue que les précédentes mais, cette fois-ci, on le crut sur parole car cela arrangeait tout le monde. A l'en croire, Léger aurait survécu pendant une quinzaine de jours en mangeant un peu n'importe quoi avant de s'offrir un festin en dévorant cru un lapin !

Ce hors d'œuvre l'aurait mis en appétit et révélé en quelque sorte à lui-même. Désormais, il éprouvait le besoin pressant de se rassasier de chair humaine, si possible tendre et fraîche. Le 10 août, Aimée-Constance Debully lui permit, à son corps défendant, d'assouvir sa fringale.

Léger comparut devant la cour d'assises de Versailles le 23 novembre 1824. Bien que le procureur du roi ait demandé le huis-clos vu les faits jugés, le président Dehaussy estima qu'un certain nombre « d'habitants distingués de Versailles » étaient dignes de suivre les audiences.

Léger, assisté d'un avocat commis d'office qui demeura atone, voulait bien avoir bu le sang et dévoré une partie du cœur de sa victime, mais il était outré qu'on pût le soupçonner de viol. Il mangeait, certes, mais ne violait pas ; et le président Dehaussy eut beau faire, Léger ne démordit pas de cette position de principe.

Une foule immense contempla l'exécution, le 1er décembre 1824, à Versailles, de cet assassin pudique dont le cas fut étudié par le docteur Georget dans une brochure publié en 1825. Un simple d'esprit, sans doute coupable, mais en aucun cas responsable des actes dont il s'accusa avec une joie d'enfant.

Les braconniers ont plutôt bonne réputation dans les campagnes. Les paysans et les ouvriers agricoles s'amusent de les voir narguer gentiment la loi et les gros propriétaires sur les terres desquels ils se livrent à leur sport favori. Le poète Béranger chanta ses irréguliers des bois qu'il comparait volontiers aux oiseaux.

Claude Montcharmont faillit, bien malgré lui, porter préjudice à tous ses compagnons en braconnage. Ce fils de cultivateurs se fit remarquer dès son enfance pour son intelligence et son goût du vagabondage. Il disparaissait des journées entières et réapparaissait à la manière d'un animal dès que la faim lui tenaillait les entrailles.

Ces penchants pour la liberté lui valurent l'inimitié d'un bon nombre d'habitants de son village natal de Saint-Prix-sous-Beuvray en Saône-et-Loire. On lui reprochait aussi d'entraîner des enfants de son âge dans ses équipées en forêt et de leur apprendre à marauder, à l'occasion, dans les fermes.

Les clients, pourtant, ne lui manquèrent pas lorsqu'il s'établit maréchal-ferrant, en 1844, dans son village. Après tout, disait-on, à vingt-deux ans, il s'est sans doute calmé. Les villageois lui aurait pardonné ses absences pour cause de chasse si, en 1848, il n'avait adhéré de toutes ses fibres aux idéaux de la Révolution.

Un incident avec un garde champêtre qui se croyait obligé de protéger les grandes propriétés privées et on le priva de son permis de chasse l'année suivante, ce qui exacerba la révolte qui somnolait en lui.
Claude Montcharmont aurait pu demeurer un hors-la-loi bon enfant si on ne s'était acharné sur lui de toutes les façons possibles. Le 25 juillet 1850, on le condamne à huit jours d'emprisonnement pour braconnage et, le 29 août suivant, à quinze pour le même motif.

A l'origine de ces condamnations, il y avait, bien entendu, le garde champêtre qui consacrait l'essentiel de son activité à suivre Montcharmont à la trace. Le braconnier finit par coincer son persécuteur et il s'amusa avec comme il l'aurait fait avec un lapin pris au collet.

Le garde, dénué de par sa fonction de tout sens de l'humour, porta plainte et le braconnier, qui ne s'était pas présenté devant le tribunal, fut condamné à six mois de prison. Dès lors, son existence devint une errance de chaque instant. Il ne réintégrait son domicile que pour y prendre du plomb et de la poudre.

Quatre gendarmes de la brigade d'Autun furent chargés de s'emparer du condamné et de le conduire derrière des barreaux. La chasse s'engagea mais le gibier se montra particulièrement récalcitrant. Le gendarme Brouet s'en sortit avec une balle dans l'épaule droite et une autre dans la main gauche. Son collègue Émery fut moins chanceux et une balle dans le cou lui ôta à jamais l'envie de respirer.

Claude Montcharmont patienta deux jours avant de se présenter, le 9 novembre à sept heures du soir, chez l'homme qui était à l'origine de tous ses ennuis, le garde champêtre François Gauthey. Celui-ci, en père de famille nombreuse qu'il était, coupait le pain pour la soupe. Le braconnier l'assaisonna de plomb, ce qui n'était prévu dans aucune recette de cuisine.

Les habitants de Saint-Prix-sous-Beuvray, en particulier ceux qui, jadis, avaient cherché noise à l'assassin, profitèrent des événements pour se livrer à un concours de lâcheté. Certains, trouvant l'hiver précoce, se calfeutrèrent chez eux ; d'autres quittèrent provisoirement le département ; quelques-uns, enfin, retrouvèrent le sens de l'hospitalité et accueillirent, nourrirent et renseignèrent le fuyard.

Montcharmont sera pris bêtement le 4 décembre à Sennecey alors qu'il se faisait passer pour un domestique en partance pour une place à Lyon. Le procès s'ouvrit, le 29 mars 1851, à Châlon-sur-Saône. Deux jours suffirent pour le condamner à mort après qu'il ait surpris les spectateurs du procès par la qualité de son français et son extrême courtoisie.

L'attente de la guillotine fut un supplice pour le condamné. Quarante jours et autant de nuits durant lesquels il hurla sa peur. Il prétendait ne pouvoir trouver le sommeil car, dès que ses yeux se fermaient, l'échafaud se dressait devant lui. Des visiteurs, plus curieux que charitables, l'exhortaient à la résignation et au repentir. Montcharmont ne les entendait pas et en appelait, encore et toujours, à la « planche criminelle ».

Les bois de justice furent dressés dans la nuit du 9 au 10 mai. Montcharmont refusa d'écouter les banalités d'usage de l'aumônier de la prison. Ses cris de bête traquée réveillèrent les autres détenus qui manifestèrent leur solidarité en tapant sur les murs et les barreaux. Le condamné, comme soudé à son lit, refusait de se lever. On crut, un instant, que le prêtre avait réussi à le calmer et qu'il confessait ses crimes.

En fait, le braconnier avait retrouvé ses instincts et profité de son tête-à-tête avec le confesseur pour barricader, avec une chaise et un seau, la porte de sa cellule. Cette barricade de fortune fit long feu devant les héroïques assaillants pressés de passer à l'étape suivante, la « toilette » du futur supplicié. La lutte fut acharnée mais, finalement, Montcharmont eut les mains et les pieds entravés, et il fut jeté sur une charrette qui le mena au pied de l'échafaud.

Le bourreau, qui devait officier, accusait un grand nombre d'années et son aide était aussi souffreteux que pleutre. Ils ne purent ou ne surent dégager Montcharmont qui avait réussi à accrocher ses pieds aux marches en bois. Les deux exécuteurs s'escrimèrent pendant plus d'une demi-heure en vain devant une foule incrédule d'où jaillissaient des encouragements adressés à on ne sait qui.

Le commissaire de police ne sachant que faire décida, sans consulter personne, que l'exécution devait être reportée et le condamné réintégra sa cellule. La guillotine resta en place en attendant des heures plus glorieuses. Celles-ci ne tardèrent pas car, l'après-midi même, un maître du couperet vint tout spécialement de Dijon. Prudente, la fine lame demanda que son client fût convenablement saucissonné.

La troupe de ligne et la gendarmerie reçurent l'ordre de faire évacuer la foule, trop patiente pour être honnête, qui stationnait depuis l'aube devant la Veuve, car un nouvel incident aurait discrédité le sanglant symbole de la justice. A cinq heures de l'après-midi, Montcharmont eut à peine le temps d'hurler son effroi qu'il était déjà coupé en deux à la satisfaction générale.

« Vos guillotines sont aussi mal faites que vos lois », écrivit Charles Hugo dans l'Événement à propos des péripéties de l'exécution. Le fils du poète s'en prenait, dans son article, aussi bien aux bourreaux malhabiles qu'aux magistrats et à la peine de mort en tant que telle.

La liberté de la presse étant alors moins que garantie, M. Erdan, le gérant du journal, et Charles Hugo furent poursuivis après que l'Événement ait été saisi. Six mois de prison et cinquante francs d'amende. Telle fut la condamnation infligée à Charles qui, pour son malheur, avait été défendu devant le tribunal par son père !

Comment s'en sortir lorsque l'on est le fils de paysans pauvres ? Joseph Vacher, né en 1869, suivit les conseils intéressés du curé de sa paroisse et il entra comme postulant chez les frères maristes de Saint-Genis-Laval. Intelligent et roué, l'enfant avait toutes les qualités pour réussir dans les ordres. Une obscure affaire de mœurs contraria sa vocation et il fut renvoyé à sa misère.

L'armée voulut bien de lui quelques années plus tard mais son comportement, pour le moins bizarre, inquiéta tant ses supérieurs qu'il fut mis en observation pour troubles psychiques. Entre deux hospitalisations, il fut nommé sergent au 60e Régiment d'infanterie de Besançon. Les officiers appréciaient ce soldat qui obéissait sans rechigner à tous les ordres. En outre, ils n'avaient pas à se plaindre de sa brutalité. Joseph Vacher, qui avait un grand sens de la hiérarchie, ne s'en prenait, lors de ses crises, qu'aux hommes du rang dont nombre fréquentèrent les mêmes infirmeries que lui.

La vie de caserne eut toujours pour ce soldat un parfum d'hôpital, mais les médicaments n'empêchent pas les sentiments même s'ils altèrent les sens. Aussi, lors d'un congé de convalescence, le brave sergent mit son uniforme d'apparat et alla faire une cour empressée à une demoiselle qui eut l'impudence de repousser ses avances bien qu'il l'ait demandée en mariage. Joseph Vacher lui tira trois balles dans la tête afin qu'elle réfléchisse mieux à sa proposition. Mais, comme elle demeurait muette et affichait un air stupide, il tenta, par dépit, de se suicider. L'armée préférant, en temps de paix, compter dans ses rangs des fous plutôt que des meurtriers, le sergent fut placé à l'asile d'aliénés de Dole avant d'être réformé et de quitter l'armée avec un certificat de bonne conduite en poche.

La décence voulait que l'ancien militaire ne recouvrât pas immédiatement la liberté et c'est en qualité d'aliéné dangereux qu'il fut transféré à l'asile de Saint-Robert. Son goût de l'obéissance lui valut les faveurs du directeur de l'établissement qui perçut dans son attitude les signes d'une future guérison. Joseph Vacher manœuvra tant et si bien le médecin que celui-ci, ayant constaté que son patient était complètement guéri, le rendit à la liberté, le 1er avril 1894.

Cette libération agit comme un détonateur dans l'esprit particulièrement ordonné de Vacher. Il était un élu de Dieu et il lui revenait de punir les malfaiteurs qui croiseraient son chemin. L'impunité lui était due en toute circonstance puisque ses actes seraient d'inspiration divine. Au pire, si quelques fâcheux venaient à lui reprocher ses actes, on le remettrait pour un temps limité dans un asile. Il aimait bien les médecins, Joseph. Certes, leur uniforme blanc manquait d'allure par rapport à celui qui avait été le sien dans l'infanterie mais, eux aussi, appréciaient l'ordre et la discipline.

Une jeune fille de Beaurepaire dans l'Isère fut sa première proie. Il assouvit sur elle les instincts qui l'avaient fait remarquer chez les frères maristes et, ensuite, l'égorgea comme un agneau pascal. Comme apaisé par ce crime rituel, il reprit la route en travaillant, ici et là, comme ouvrier agricole. Ses employeurs seront unanimes pour saluer son ardeur à la tâche et sa sobriété.

De 1894 à 1897, ce vagabond, qui se définira, lors de son procès, comme *l'Anarchiste de Dieu,* se soumettra par onze fois à ses désirs en sacrifiant quatre jeunes garçons, six jeunes filles ou fillettes et une veuve de cinquante-huit ans qui, bien qu'elle ait eu un physique encore avantageux, fut sans doute victime d'une étourderie de Vacher.

A quelques détails près, le scénario de chaque crime fut à peu près le même. Violeur et sodomite, l'envoyé du Ciel égorgeait d'abord, éventrait ensuite et mutilait enfin. Mais, aussi divin soit-il, un assassin ne peut toujours être sûr de son couteau et Joseph Vacher fut sans aucun doute chagrin des égarements de sa lame dans le corps de ses victimes.

Si Vacher n'avait été aperçu en compagnie d'un berger de seize ans dont le cadavre fut retrouvé le 31 août 1895, il aurait pu longtemps encore garder l'anonymat, car ses *extases* étaient fort éloignées les unes des autres. Les témoins s'accordèrent pour décrire l'homme comme un vagabond d'une trentaine d'années au visage orné d'une barbe noire en pointe. Certains précisèrent qu'il avait une cicatrice au-dessus de l'œil droit.

Nombreux étaient les routiers dont le signalement correspondait à celui de l'assassin présumé du berger. Les arrestations se multiplièrent mais, faute de preuves, les suspects furent tous relâchés. Aucun magistrat ne songea à interroger les asiles et les hôpitaux psychiatriques sur des anciens malades dont les traits auraient ressemblé à ceux du dernier compagnon du berger.

L'arrestation de Vacher en août 1897 fut un pur hasard et elle n'aurait pas eu lieu s'il n'avait présumé de ses forces en attaquant une femme de mauvaise composition aux environs de Tournon. L'ingrate ne reconnut pas en lui l'envoyé de Dieu et, non contente de se débattre et de prendre la fuite, elle le dénonça à la gendarmerie.

Joseph Vacher, qui n'avait aucune raison de fuir ou de se cacher – n'était-il pas en service commandé ! –, fut arrêté par des gendarmes à quelques

centaines de mètres de l'endroit où il avait commis sa dernière agression. C'est avec joie et sérénité qu'il reconnut presque immédiatement avoir célébré « à sa façon » le berger. Il avoua, dans la foulée, tous les crimes que l'on avait l'obligeance de lui imputer. Il se délectait de ses aveux et titillait la curiosité morbide du juge d'instruction en lui fournissant des détails crus et précis sur la manière dont il avait renvoyé à Dieu les victimes que celui-ci avait eu la bonté de lui envoyer.

L'instruction fut particulièrement longue pour l'époque, car Vacher acquit rapidement l'art et la manière de la relancer en confessant de nouveaux assassinats dont certains se révélèrent imaginaires. Espérait-il en s'accusant ainsi persuader le juge de sa folie ? C'est possible car l'homme ne manquait pas de rouerie, mais ses efforts furent vains.

La cour d'assise de l'Ain jugea, du 26 au 29 octobre 1898, cet illuminé qui

invoquait Dieu dans chacune de ses phrases et se présentait comme un nouveau martyr de la chrétienté. Il confia, par incidence, qu'il avait été mordu par un chien enragé et que, depuis, il ne contrôlait plus les appels de son corps.

Les jurés suivirent l'opinion des experts et ils reconnurent Joseph Vacher responsable de tous ses actes. A bien réfléchir, ces braves hommes n'avaient pas tort car proclamer fou un homme qui affichait ainsi sa foi aurait pu avoir de graves conséquences dans un pays où les anticléricaux se régalaient de la moindre défaillance morale ou physique d'un prêtre.

Joseph Vacher continua à chanter Dieu jusque devant la guillotine. Il avait, auparavant, connu une grande satisfaction en apprenant que *La vie mystérieuse de Vacher l'Égorgeur,* un récit « saisissant, empoignant et tragique », rencontrait un grand succès auprès du public.

Interprété à l'écran, avec talent et sensibilité, par Michel Galabru dans *Le Juge et l'Assassin* de Bertrand Tavernier, Joseph Vacher est entré dans la légende des assassins dont les *mystères* sont plus intrigants que les crimes.

DES PRÊTRES BIEN ÉQUIVOQUES

L'abbé Mingrat

Joseph Vacher ne fut pas, loin s'en faut, le premier *particulier* à invoquer Dieu pour justifier ses pulsions criminelles. Il est donc logique, humain même, que des prêtres aient, eux aussi, pris quelques libertés avec la vie d'autrui. Le « péché de chair », si prisé en chaire, fut souvent à l'origine de leur nouvelle vocation.

Un laboureur de Saint-Quentin, un gros bourg de l'Isère, gagnait tranquillement l'un de ses champs à l'aube du 9 mai 1822 lorsque, près d'une rivière, il constata que la rosée avait soudainement la couleur du sang. Une corde ensanglantée, qui reposait après usage non loin de là, acheva de le terroriser. Néanmoins, curieux de nature, il examina les lieux avec attention et trouva un couteau à manche noir, souillé de sang.

L'homme, après avoir jeté le couteau, le ramassa à nouveau, le lava et l'emporta avec lui en se promettant de garder le silence sur sa découverte. Sait-on jamais ce que les gendarmes iraient imaginer ! Un quart d'heure plus tard, deux bouchers en goguette aperçurent, au même endroit, un homme à la figure égarée qui semblait chercher son ombre. Ils reconnurent aussitôt le curé de Saint-Quentin, l'abbé Mingrat.

Les deux chevillards virent les traces de sang mais, comme le paysan, décidèrent que tout cela ne les regardait pas. Ils déclareront, lors de l'enquête, qu'ils avaient eu peur qu'on leur demande ce qu'ils faisaient là à une pareille heure. Et puis, comme tout le monde, ils ne voulaient pas d'histoires.

Sept jours après, le jour de l'Ascension, un pêcheur avait bien des difficultés à tirer sa prise bien que celle-ci n'essayât pas de se dégager du mortel hameçon. Lorsque, enfin, elle apparut au bout de sa ligne, il poussa un cri à faire fuir tous les poissons du département. Notre amateur de truites n'était pas habitué à pêcher des cuisses humaines et on conçoit que la première ait pu lui tourner la tête.

Le pêcheur rejeta sa canne à pêche dans le ruisseau et courut au bourg narrer son aventure. En ce jour de fête religieuse, les esprits étaient disponibles pour un peu de distraction. L'adjoint au maire de Saint-Quentin,

le juge de paix, deux médecins et un grand nombre de paysans se précipitèrent pour jouir du spectacle. Des débris humains furent repêchés membre après membre et les médecins, après examen, déterminèrent qu'ils avaient appartenu à une femme.

Justement, Marie Gérin, une jeune femme de vingt-six ans, avait disparu de chez son mari depuis huit jours et, comme elle était d'une piété exemplaire, on ne la soupçonnait pas d'être parti avec un galant. L'époux s'était inquiété légitimement de cette absence et il avait fini par apprendre qu'on avait vu Marie à l'église le soir de sa disparition. Cela ne l'avait pas surpris car l'abbé Mingrat dirigeait les dévotions quotidiennes de son épouse.

Les langues se délièrent après cette pêche miraculeuse et, en particulier, celle de la servante du curé qui, dans la nuit du 8 au 9 mai, avait entendu des râles et des gémissements étouffés provenir du cabinet particulier du prêtre. Cette forme, inédite pour elle, de prière l'avait tant inquiétée qu'elle avait osé frapper à la porte. L'abbé Mingrat lui était apparu la soutane en désordre et l'avait renvoyée sèchement à sa cuisine.

L'enquête établit que Marie Gérin avait été violée et étranglée avant d'être dépecée selon les règles de la boucherie en vigueur alors. Les jambes avaient été séparées du tronc et le torse coupé de manière oblique en deux parties à peu près égales. Le paysan s'étant enfin décidé à porter le couteau aux gendarmes, l'arme fut reconnue comme ayant appartenu à Mingrat par une tante de celui-ci et sa servante.

On n'arrête pas un curé comme un vulgaire manant. Les gendarmes, à force de vouloir mettre des formes, laissèrent s'échapper l'assassin qui quitta son presbytère, un bréviaire à la main. L'abbé fut arrêté en pays sarde par les carabiniers royaux mais son extradition ne fut jamais accordée même après sa condamnation à mort par contumace le 9 décembre 1822. L'église veilla de près sur sa brebis égarée.

La Cour ayant décidé que l'arrêt condamnant Mingrat serait affiché en place publique de la ville de Saint-Marcellin, chef-lieu de l'arrondissement où le crime avait été commis, des bonnes âmes, certainement inspirées, décidèrent de livrer au public un pedigree de l'assassin qui dédouanerait l'église.

Les crédules furent heureux d'apprendre que cet ecclésiastique de vingt-huit ans était issu d'un père ivrogne et d'une mère simple d'esprit. Élevé dans le vice, ce fils de charron n'avait voulu endossé la soutane que pour échapper aux dures nécessités de la vie. L'église, en sa bonté, avait voulu sauver cette âme en l'accueillant en son sein.

Les anticléricaux ne pouvaient laisser réécrire ainsi l'histoire de Mingrat sans réagir. Ils menèrent une enquête et découvrirent que l'abbé, au sortir du séminaire, avait été nommé curé de Saint-Aupre, un village près de Grenoble. Il y avait rempli son ministère avec zèle en demandant au maire d'interdire les bals et les jeux champêtres. Il avait obtenu ensuite que les cabarets fussent fermés les dimanches et fêtes. Il aurait certainement continué son inquisition du pauvre s'il n'avait engrossé une fille du village qui s'était plainte à son père des confessions particulières qu'il lui avait fait subir avant de disparaître.

Le pamphlétaire Paul-Louis Courier régla de superbe manière en 1823 son compte à l'abbé et à ceux qui, malgré son crime, le protégeaient : « Et que serait-ce si j'allais demander, comme vous le voulez, la punition du prêtre qui a tué sa maîtresse, ou le mariage de celui qui a rendu la sienne grosse ? Alors triompherait le procureur du roi ; la morale religieuse me poursuivrait, aidée de la morale publique et de toutes les morales, hors celle que nous connaissons, que depuis longtemps nous avons crue la seule. D'ailleurs, je ne suis pas si animé que vous contre ce curé de Saint-Quentin. Je trouve dans son état de prêtre de quoi, non l'excuser, mais le plaindre. Il n'eût tué assurément sa seconde maîtresse, s'il eût pu épouser la première devenue grosse, et qu'il a tuée aussi, selon toute apparence. Voici comme on conte cela, dont vous semblez mal informés.

Il s'appelle Mingrat... »

Contrafatto

Avant que la Mafia ne vienne égayer ses terres et ses mœurs, la Sicile offrait peu de débouchés aux plus pauvres de ses fils. Joseph Contrafatto, né à Piazza le 3 septembre 1798, put, grâce à deux oncles chanoines, être admis au collège de Palerme. Il leur devait bien d'entrer dans les ordres à son tour, ce qu'il fit en décembre 1821 à la grande satisfaction de ses parents.

Recteur de l'église royale de Sainte-Marie-de-Constantinople, l'envie lui vint de connaître la France et, après un bref séjour à Marseille, il s'établit à Paris à la fin de 1826. Joseph Contrafatto ne manquait pas d'entregent et avait la parole plus assuré que la foi. Aussi réussit-il à être, successivement, l'aumônier de la duchesse d'Ormesson et celui du pensionnat de mademoiselle Sauvan, rue de Clichy.

Le curé de Notre-Dame-de-Lorette, séduit lui aussi par sa personnalité, lui donna la permission de dire la messe de midi dans son église et c'est ainsi qu'un quartier de Paris devint le terrain de chasse de cet ecclésiastique au sang chaud qui aimait serrer de près ses paroissiennes.

A force de bénir à tort et à travers, Joseph Contrafatto se mit à dos des aigris et des envieux. Mais le saint homme n'aurait jamais imaginé qu'une madame Le bon, mère de famille, oserait déposer une plainte contre lui, le 30 juillet 1827, sous le fallacieux prétexte qu'il avait violé la plus jeune de ses quatre filles, âgée de cinq ans.

Le juge d'instruction Frayssinous partagea si bien l'indignation du prêtre qu'il délivra une ordonnance de non-lieu le 5 août. Joseph Contrafatto, tout à sa joie, oublia de se faire discret et c'est en chantant un cantique de sa composition qu'il rejoignit son domicile de la rue Coquenard.

Un comité d'accueil, madame Le Bon en tête, l'y attendait de pied ferme. La mère de l'innocente bafouée et le prêtre échangèrent des horions sans que l'on sache très bien qui des deux avait levé un poing le premier. Les voisins et les badauds prirent tous partie pour la mère Le Bon, ce qui encouragea celle-ci à porter plainte à nouveau contre le violeur.

Le préfet de police Delavau n'apprécia pas qu'une mégère courroucée pût ainsi rosser un homme d'église en public et provoquer un début d'émeute dans le quartier Notre-Dame-de-Lorette.

Certes, la conduite de Contrafatto était « trop imprudente pour pouvoir être excusée », mais cela ne justifiait en aucun cas l'agression dont il avait été la victime.

Malgré les soutiens dont il bénéficiait à la préfecture et à l'évêché, Contrafatto fut inculpé et, le 15 octobre 1827, il comparut devant la cour d'assises. Celle-ci le condamna aux travaux forcés à perpétuité et à la flétrissure des lettres de T.P. Le président Monmerqué engagea le condamné, après l'énoncé de l'arrêt, à « diminuer l'horreur qu'inspirait sa faute par un aveu, qui seul pouvait mériter quelque intérêt, et peut-être appeler sur lui la clémence royale ».

Contrafatto suivit le sage conseil en écrivant un mémoire dans lequel il injuriait et diffamait sa victime, la famille de celle-ci, les jurés et l'avocat de la partie civile, maître Charles Ledru. La censure qui, jusqu'alors, avait réussi à empêcher que ce procès fût connu du public, ne put plus rien contre le scandale, après la publication d'une brochure intitulée *Les trois procès de Contrafatto* et celle de *Réponse au libelle de Contrafatto* écrite par madame Le Bon.

L'astucieux libraire Chantpie ridiculisa un peu plus la censure en éditant une partie des débats d'audience et une *Épître à Contraffato*. Ces menus plaisirs littéraires ne calmaient pourtant pas une partie de l'opinion qui s'inquiétait de ne pas voir le jugement encore appliqué. L'émotion fut à son comble lorsque le 6 novembre, quatre jours après que la cour de cassation ait rejeté le pourvoi du condamné, Contrafatto ne parut point devant la foule énorme qui, place du Palais de Justice, attendait qu'on exposât le prêtre.

Monsieur de Salvandy se fit l'écho dans une brochure de l'impatience, chaque jour un peu plus turbulente, des parisiens. « La censure, écrivait-il, a recommencé l'attentat de cet homme sur la jeune Hortense ; elle a disputé à l'enfant la pitié publique, et l'estime publique à la mère. Cette censure est impie, elle est immorale, elle est immonde. C'est elle qu'il faudrait mettre au carcan. »

Les émeutes de la rue Saint-Denis les 19 et 20 novembre précipitèrent le châtiment de Contrafatto qui fut exposé et marqué avant d'être dirigé sur Brest.

Piètre séducteur, Contraffato se révéla un médiocre écrivain lorsqu'il entreprit de faire pleurer dans les presbytères en narrant son arrivée au bagne après un voyage de dix jours durant lequel on l'avait traité « comme un cannibale ».

« Enfin, écrit-il, je suis entré dans le bagne ; l'on m'a conduit chez le commissaire de marine, devant lequel mes larmes tombaient en abondance. Après, l'on m'a conduit dans une salle où j'ai trouvé des hommes déjà à faire le dernier sacrifice ; l'on me dépouilla jusqu'à la chemise, et l'on m'habilla (hélas ! mon cœur se refuse à le dire) avec une chemise *de mâle*, d'un rouge pantalon et d'une casaque rouge aussi, et un bonnet vert, sur ma tête, nu jambes ; et après, l'on m'a coupé les cheveux jusqu'à la

racine, et puis l'on m'a fait asseoir sur un banc pour m'enchaîner à la jambe avec une grosse manille et une chaîne qui tout au moins pèse dix-huit livres... »

Le reste de son témoignage est de la même veine pleurnicharde. A aucun moment, ce prêtre marque un intérêt quelconque pour ses compagnons d'infortune. Bien au contraire, il se plaint d'être obligé de fréquenter « des infâmes et des scélérats » qui ne respectent pas le souvenir de sa soutane.

Maître Ledru, qui avait plus d'ambition que de caractère, s'aperçut un peu tard qu'il n'est jamais bon d'avoir plaidé contre un ecclésiastique même si celui-ci était notoirement coupable. Afin de réparer sa faute, il entreprit, en 1841, d'obtenir la libération de l'abbé qui, deux ans plus tôt, avait vu sa peine commuée en réclusion perpétuelle. Les efforts de l'ambitieux avocat furent vite couronnés de succès puisque son client, après avoir eu sa peine réduite à quatre ans, fut gracié en 1845.

Joseph Contrafatto apprécia certainement, en expert, l'affaire Léotade qui connut un grand retentissement, quelques années après sa libération, et exacerba les passions entre ceux qui pensaient qu'un prêtre ne pouvait être coupable d'un meurtre et ceux qui estimaient qu'il l'était de par sa fonction même !

Le fossoyeur du cimetière Saint-Aubin à Toulouse était un homme d'ordre ; aussi n'apprécia-t-il pas de trouver un cadavre le 16 avril 1847, vers six heures et demie du matin, à l'angle de jonction du mur du jardin des frères des écoles chrétiennes et de celui du cimetière.

Le cadavre en question était celui de Cécile Combettes, une jeune ouvrière de quinze ans qui travaillait comme brocheuse chez le relieur Conte. Les médecins constatèrent qu'elle avait été violée avant de succomber à des coups violents et répétés sur le crâne. L'assassin, un novice, s'était acharné sur sa victime comme s'il n'arrivait pas à croire qu'elle s'était enfin décidée à décéder.

Le Frère Léotade, de son nom Louis Bonafous, fut arrêté à la suite du témoignage pour le moins équivoque de l'employeur de Cécile. Cet homme, jadis inquiété pour avoir eu des relations incestueuses avec sa belle-sœur mineure, fut pour le moins confus dans ses déclarations puisqu'il mit d'abord en cause le Frère Jubrien qui l'avait reçu la veille du meurtre lorsqu'il était venu avec Cécile et une autre ouvrière porter des ouvrages aux Frères.

Le Frère Léotade niant le crime qui lui était imputé, la justice fut dans l'obligation de trouver une preuve. Cinq graines de figue trouvées sur une de ses chemises ressemblaient à huit autres cueillies sur les vêtements de la victime. Léotade eut beau prétendre qu'il avait mangé des figues la veille du drame, il ne convainquit personne de sa bonne foi.

Un comique déguisé en savant acheva de le confondre. L'expert Noulet prétendit, sans que cela fasse rire, que les treize graines étaient issues de la même figue ! Toulouse n'avait pas attendu cette expertise pour se diviser en deux camps. D'un côté, les bourgeois qui soutenaient les frères, amis de la propriété et de l'ordre ; de l'autre, les gens du peuple, enfin libres de s'en prendre aux prêtres.

Les amis de l'inculpé se ridiculisèrent et provoquèrent l'hilarité de leurs adversaires en pleurant sur le pauvre Léotade mis au secret pendant cent cinq jours et privé – ô quelle abomination ! – de livre de messe et de la possibilité de se confesser. Le procès de Frère Léotade s'ouvrit à Toulouse le 7 février 1848.

L'accusé, peut-être éprouvé par sa détention, plaida bien mal sa cause en se contredisant chaque fois qu'il prenait la parole. Quant à son défenseur, Maître Gasc, il en appela à Calas et à Napoléon au lieu de plaider l'affaire sur le fond. Le jury ne reconnut pas Léotade coupable de viol, mais seulement de tentative manifestée par un commencement d'exécution, et lui accorda les circonstances atténuantes pour le meurtre de Cécile Combettes.

Frère Léotade accueillit le verdict, qui le condamnait aux travaux forcés à perpétuité et à l'exposition publique, sans émotion apparente et les bras croisés sur sa soutane. « Nous aurons le bonheur de nous revoir dans ce lieu où il n'y aura ni médisants, ni calomniateurs. Prions... que Dieu me fasse grâce de retirer le fruit de mes chaînes et de toutes les tortures qu'on m'a fait souffrir à Toulouse », écrivit-il, le 3 décembre 1848 à M. Martin.

Le bagnard Léotade n'eut pas trop longtemps à attendre pour voir son vœu le plus cher exaucé. Le 26 janvier 1850, il décédait au bagne de Toulon. Ses amis résolurent alors de sauter une étape. Ils n'essayèrent plus d'obtenir, comme auparavant, la révision de son procès mais entreprirent de le présenter comme un martyr de la foi.

On colporta de par le pays que saint Léotade avait soigné ses compagnons de chaîne victimes du choléra avec un tel dévouement que les plus endurcis des forçats réclamaient ses pieuses exhortations. Le jour de l'Assomption, trente d'entre eux ne l'avaient-ils pas suivi en une procession !

La Démocratie pacifique du Var eut beau jeu de rappeler que Léotarde avait bénéficié des faveurs de l'administration du bagne. Ce journal eut encore l'occasion de s'indigner lorsque Jean-Michel Cazeneuve, un avocat de Toulouse, fit paraître en 1850 une *Relation historique de la procédure et des débats dans la cause du frère Léotade.* L'avocat, devenu le conseil de François Bonafous le Frère de Léotade, récidiva en publiant un *Abrégé historique* et une *Démonstration de l'innocence de Léotade.* Monsieur de Labaume, qui avait présidé la cour d'assises, s'estima diffamé et il porta

plainte contre Maître Clazeneuve qui fut condamné à trois mois de prison et à mille francs d'amende.

Le relieur Conte, que bien des chroniqueurs auraient voulu voir dans le box des accusés plutôt qu'à la barre des témoins, abandonna les livres pour les planches et, pendant quelques années, avant de se faire oublier, il parcourut les campagnes et les foires avec un spectacle intitulé tout simplement *le théâtre du crime de Léotade.*

AFFAIRES DE FAMILLE

L'infanticide, considéré comme une maladie honteuse par la société, n'a jamais fait – hier plus encore qu'aujourd'hui – la fortune des avocats français. Hypocrisie ou faiblesse de la police et de la justice, les mort-nés à répétition dans une même famille ne chagrinaient personne au siècle de *Sans famille* et des *Deux orphelines.* D'ailleurs, plusieurs corporations y trouvaient leur compte : médecins, prêtres, menuisiers, croque-morts, etc.

Quant aux nouveau-nés faisant office d'engrais dans le jardin familial, nul besoin d'être un écologiste forcené pour comprendre qu'il était difficile de réprimer cette pratique économique. Il en allait de même avec les pères ou les mères, en mal de distractions, qui, un coup en entraînant un autre, se retrouvaient avec un enfant décédé des suites d'une chute malencontreuse.

Est-il besoin, en outre, de souligner que tuer sa progéniture ne demande pas plus d'imagination que de la concevoir. Aussi, que de facilités et de grossièretés dans les infanticides ! Cette banalité ne met que plus en lumière la performance d'un père de famille de Riedisheim, près de Mulhouse, qui, bien qu'alcoolique, appréciait les mises en scène raffinées.

LE PETIT CRUCIFIÉ

ROMANCE

Créée par **MARIUS RICHARD**, à la Scala

Son fils s'étant montré impertinent alors que la soif le tenaillait, l'ivrogne se saisit de lui et, après avoir fixé une poulie au plafond, il le leva de terre à l'aide d'une corde afin qu'il ne puisse pas s'enfuir. L'homme eut ensuite tout le loisir de choisir un marteau et des clous avant d'entreprendre une crucifixion dans les règles de l'art.

L'artiste, après avoir cloué les deux mains de son fils, aurait certainement achevé son œuvre si le crucifié, ingrat et douillet, n'avait ameuté le voisinage par ses cris d'orfraie. *Le Petit Parisien* révéla ce fait divers dans son édition du 15 mars 1891 en vilipendant l'alcoolique qui avait torturé son fils âgé de douze ans.

Le parolier René Esse, un nostalgique de l'Alsace et de la Lorraine, s'offrit un joli succès en transformant ce conflit familial en un drame patriotique. Sous sa plume, le père devint un suppôt des Prussiens qui ne supportait plus d'avoir à ses côtés un enfant demeuré fidèle à la France. Bien évidemment, comme il se doit, le martyr chantait la Marseillaise tandis que son père le clouait à un mur !

Henriette Cornier, mère de deux enfants, n'aurait pas défrayé la chronique si elle avait éliminé par inadvertance l'un des deux. La malheureuse, un peu simple d'esprit, commit l'erreur de s'attaquer à la propriété d'autrui, en l'occurrence celle des époux Belon, des fruitiers chez qui elle achetait les provisions de ses patrons.

Henriette convainquit madame Belon de lui confier pour quelques heures Fanny, sa fillette âgée de dix-neuf mois. Il faisait beau en ce 4 novembre 1825 mais, au lieu d'aller se promener, elle amena l'enfant à son hôtel. Le reste ne fut plus qu'une simple formalité. Henriette fit un détour par la cuisine où elle prit un grand couteau à découper la viande avec lequel elle scia, d'un geste sûr, le cou de sa protégée.

La meurtrière avouera être demeurée interdite avec la tête de l'enfant dans ses mains tandis que le corps s'agitait encore quelque peu sur le lit. Henriette n'apprécia pas d'être aspergée du sang de sa victime. Jamais elle n'aurait imaginé qu'un si petit corps pût contenir autant de liquide. Fort heureusement, un vase de nuit bien placé en recueillit l'essentiel.

Lorsque madame Belon se présenta pour récupérer Fanny, Henriette ne lui cacha pas que celle-ci était décédée et, comme la mère insistait, elle la laissa entrer dans sa chambre. La fruitière s'enfuit, mais à peine fut-elle arrivée en bas de l'immeuble que la tête de sa fille la rejoignit sur le trottoir.

Confiée aux bons soins de l'hospice de la Salpêtrière où elle demeura du 25 février au 3 juin 1826, Henriette fut déclarée saine d'esprit bien que les médecins aient constaté « une grande lenteur dans la manifestation de la pensée ». Cette flatteuse appréciation sur ses facultés mentales lui valut d'être condamnée aux travaux forcés à perpétuité.

Quelques années plus tard, en 1829, elle se confiera à un visiteur venu l'interroger dans sa prison sur le souvenir qu'elle gardait de son crime : « Cela tient peut-être à une chose... J'étais ennuyée de vivre... Je voulais me tuer... J'avais la tête perdue. Je ne me rappelle plus les détails, c'est sans doute pourquoi je suis moins tourmentée. »

Bien moins nombreux que les infanticides, les parricides souffrent aussi d'être plus mal perçus par une opinion publique respectueuse des privilèges des notaires quant aux questions d'héritage. Si, aujourd'hui, selon les statistiques, on tue son père avec une arme à feu alors qu'on étrangle plus volontiers sa mère, les méthodes, pour être aussi expéditives, étaient moins affirmées jadis. L'improvisation, pour ne pas dire la spontanéité, ajoutait alors un peu de piment à l'acte.

Le juge de paix Benoit abreuvait son épouse de recommandations lorsqu'il s'absentait un jour ou deux de Vouziers pour affaires et qu'elle devait garder la demeure familiale en compagnie du plus jeune de leur fils, Frédéric, et de leur nièce, Louise Feucher, qui leur servait de domestique.

Madame Benoit devait, en particulier, veiller sur l'or de la famille. Cette femme, dont le physique et l'intelligence n'incitaient pas à la jalousie, se chargeait de sa mission en glissant le précieux sac sous son oreiller.

Elle effectuait, à chaque fois, avant de se coucher, une tournée d'inspection et n'hésitait pas à réparer avec un cordon le crochet d'une persienne si celui-ci lui paraissait défaillant. Elle ne fermait un œil que lorsqu'elle était persuadée d'avoir assuré la sécurité des six mille francs en or qui, plus que leurs trois fils, faisaient la fierté de son mari.

Dans la nuit du 8 au 9 novembre 1829, le chirurgien Dossereau, un voisin des Benoit, fut réveillé par les hurlements hystériques de Frédéric Benoit qui appelait à l'aide. L'homme au scalpel bondit de son lit dès qu'il comprit qu'il s'agissait d'un cambriolage. Les deux justiciers cherchèrent en vain les voleurs et c'est alors que Frédéric demanda à son obligeant voisin de prévenir sa mère.

Dossereau, lassé de tambouriner à la porte de celle-ci, finit par entrer sans y avoir été invité. Il ne regretta pas son audace. Madame Benoit, si elle gisait encore sur ses couvertures, avait inondé de son sang le parquet de la chambre. Le chirurgien, nullement égoïste, fit prévenir quelques-uns de ses confrères afin que ceux-ci puissent, en sa compagnie, se livrer aux premières constatations.

La défunte paraissait avoir reçu la mort sans se défendre ou s'offusquer. Une large plaie au cou expliquait, à n'en pas douter, ces bonnes dispositions peu naturelles. L'or avait disparu ainsi qu'un autre sac contenant deux mille francs en monnaie d'argent. Les enquêteurs furent surpris de constater que la porte d'entrée du logis était fermée à clé, sans aucune trace d'effraction.

Frédéric indiqua, entre deux sanglots, qu'il s'était couché la veille vers huit heures et demie du soir et que, vers minuit, il avait été tiré de son sommeil par un cri de sa mère. Il ne s'était pas inquiété, car celle-ci était sujette à ce genre d'exclamations lorsqu'elle faisait des cauchemars. Il ne s'était levé que lorsqu'il avait entendu d'autres bruits plus suspects.

Louise Feucher n'avait perçu que les cris de son cousin et son bavardage insipide lassa vite les enquêteurs. Monsieur Benoit fut prévenu ainsi que ses deux autres fils. Le premier, établi dans la magistrature, était une caricature de son père alors que le second, oisif et charmeur, confortait sa paresse à Reims.

Le 6 janvier 1830, le veuf Benoit reçut une lettre anonyme dans laquelle il était menacé, ainsi qu'un avoué de Vouziers et le charcutier Labauve, du même sort que sa femme. Le juge de paix Benoit fut plus choqué de la compagnie d'un charcutier que par la menace de mort en elle-même. Ce Labauve représentait tout ce qu'un légitimiste se devait d'abhorrer sous peine de déchoir aux yeux de sa caste.

Libéral et ne se cachant pas de l'être, Labauve, que les cochons morts ou vifs ne distrayaient plus depuis longtemps, adorait envoyer des lettres anonymes et, bien qu'il ait été confondu à plusieurs reprises, sa passion épistolaire était demeurée intacte. Bien évidemment, la lettre adressée au veuf était de sa main. Ce fait, plus le témoignage de la femme Malvat qui prétendait que le charcutier avait passé la soirée du crime à entrer et sortir de chez lui, attira les soupçons de la justice sur ce mauvais sujet.

Il n'en fallut pas plus pour qu'il fût traduit devant la cour d'assises des Ardennes. Le jury n'ayant pu se déterminer – six voix contre six –, il fut acquitté le 30 juillet 1830, mais ne fut pas remis en liberté pour autant, car il devait encore comparaître devant le tribunal correctionnel pour les menaces de mort contenues dans sa lettre anonyme.

Le second verdict tint compte du sentiment populaire, quant à sa culpabilité dans l'assassinat de madame Benoit, et l'ami des verrats fut condamné, pour sa malheureuse missive, à cinq années d'emprisonnement et dix ans de surveillance. Labauve, sous le coup de l'émotion, n'eut pas besoin d'une plume pour délirer.

Une main levée vers un crucifix, le charcutier jura que les assassins de madame Benoit serait sous les verrous avant quinze jours. « Ce crime, ajouta-t-il, n'a pas été commis par d'autres mains que par celles du sieur Fayer et de la demoiselle Feucher. » Le dénommé Fayer, présent à l'audience, goûta peu la plaisanterie et, après avoir frôlé la crise d'apoplexie, porta plainte ainsi que Louise Feucher qui réclama – l'occasion était trop bonne – des dommages et intérêts.

Les deux plaignants diffamés reçurent satisfaction et Labauve écopa de six mois de prison supplémentaire, vingt-cinq francs d'amende et deux cents francs de dommages et intérêts pour prix de la réputation de la nièce-domestique des Benoit. Tandis que Labauve oubliait lettres et cochons à la prison de Clairvaux, le jeune Benoit faisait des siennes à Paris où son père l'avait envoyé travailler dans l'étude d'un notaire.

L'amour du jeu l'entraîna à des dépenses que son père n'aurait pas comprises. Il s'attacha aussi les services de Joseph Formage dont le frère aîné, officier à Cambrai, n'apprécia pas qu'il fût si intime avec son patron. Formage se lassa de leurs débauches communes et il quitta Benoit.

Les deux jeunes gens avaient été vus si souvent ensemble que, tout naturellement, Frédéric Benoit fut interrogé par la police lorsque le cadavre de Joseph fut retrouvé le 22 juillet 1831 dans sa chambre de l'hôtel des Bains, rue de la Pompe, à Versailles. Il avait, tout comme madame Benoit, subit un saignement abondant grâce à une entaille importante à la gorge.

Frédéric, d'ailleurs, lorsqu'il fut informé de la manière dont son ami avait usé pour lui fausser définitivement compagnie s'exclama : « Tiens ! ma mère a été assassinée de la même manière ! » Une à une les preuves s'amassèrent contre Frédéric Benoit qui niait toujours être pour quelque chose dans le meurtre de son ami. Ce fils de bonne famille s'en serait sorti avec les honneurs de la justice si, dans une malle ayant appartenu à Formage, le dernier employeur de celui-ci, le libraire Vallée, n'avait trouvé des lettres et des brouillons de correspondances.

L'un des brouillons, daté de Paris le 2 juillet 1831 et adressé à Frédéric Benoit alors chez son père à Vouziers, aurait mis de la lumière dans la plus obscure des cervelles de policier :

Malgré la défense expresse que tu m'as faite de t'écrire, force m'a été de te désobéir. La nécessité dans laquelle je suis m'y oblige. Je me trouve sur le point de quitter la place que j'occupe, faute de vêtements pour pouvoir y rester. J'ose espérer que tu ne m'abandonneras dans cette circonstance ; dans ce cas, tu ne feras que ton devoir, puisque la nécessité où je suis, c'est toi qui m'y as réduit. Il est inutile de te dire que mes parents refusent de me voir et de m'obliger, vu qu'ils connaissent toute ton intrigue avec moi. Je n'ai plus recours qu'à toi, et dans ce moment plus que jamais, j'ai besoin et tu ne peux m'abandonner au point de me refuser ce service. Avec 50 écus, je peux me tirer d'affaire ; envoie-les-moi avant huit jours, car plus tard je pourrais moi-même aller les chercher et faire connaître à tes parents le secret que tu tiens sans doute à cacher. Rien ne pourra m'arrêter si dans huit jours l'argent que je te demande ne m'est rendu chez moi ; le neuvième je pars, et je te forcerai d'avouer ton crime non seulement à tes parents, mais encore à toutes les personnes qui te connaissent. Tu as perdu mon honneur je ferai en sorte de me venger si tu ne répares ta faute en m'envoyant ce que j'ai besoin.

Compte sur ma reconnaissance et ma sincère amitié, ton ami,

J. Formage

L'ami Formage, en mal de confidences, avait confié à Vallée que, s'il l'avait voulu, il aurait pu disposer de six mille francs or appartenant à son ami Benoit. Le libraire avait pris cela pour une vantardise. Les policiers, après l'avoir félicité pour l'excellence de sa mémoire, allèrent quérir Benoit chez qui ils découvrirent un étui à deux rasoirs mais une seule lame et deux mille quatre cents francs or enveloppés de fragments d'une livraison du *Constitutionnel* en date du 26 janvier 1828.

Qui, donc, pouvait avoir le mauvais goût de lire ce journal aux vertus soporifiques ? Un homme aussi sûr de son droit que de ses biens ! Un juge de paix ! Benoit était un fervent abonné. Frédéric convint de ce fait mais, quant à l'argent, il prétendit en avoir reçu une partie de son père et avoir gagné le reste au jeu. Ses compagnons de tapis vert, de mauvais perdants assurément, ne confirmèrent pas ses dires ; bien au contraire, ils affirmèrent l'avoir toujours vu perdre avec décontraction.

Le sort continua de s'acharner sur ce malheureux qui avait perdu sa mère et son meilleur ami dans de tristes circonstances. Sa cousine Louise Feucher décéda quelques jours après son arrestation, non sans avoir confié à ses soignantes qu'elle avait assassiné sa tante avec Frédéric pour six cents francs. Le prévenu se récria en fils de notable qu'il était, et il n'avait pas tort si l'on considère que la moribonde était alors enfermée à la prison des Madelonnettes pour prostitution. Depuis quand la parole d'une fille publique prévalait-elle sur celle d'un étudiant de bonne famille ? Les policiers, plus sensibles aux accusations d'une morte qu'aux dénégations d'un vivant, se demandaient comment une nièce traitée comme une domestique avait eu l'idée saugrenue de quitter un toit de Vouziers pour un trottoir de Paris. A défaut de trouver une réponse, ils désignèrent un responsable : Frédéric. Ce débauché avait dû la corrompre, en faire sa complice et la livrer à la prostitution.

Labauve, qui, de sa cellule, ne pouvait plus envoyer de lettre anonyme, porta plainte, par l'intermédiaire d'un fondé de pouvoir, contre Frédéric Benoit.

Il l'accusait de parricide et se constituait partie civile. Dans le mémoire, qui accompagnait sa plainte, il désignait Frédéric comme l'unique responsable de tous ses malheurs et se plaignait de l'attitude de la justice à son égard. Frédéric Benoit fut envoyé devant la cour d'assises le 13 juin 1832. De nombreux spectateurs, peu informés des usages dans la bourgeoisie de province, s'étonnèrent de la présence du père et du frère aîné de l'accusé au banc de la défense. Maître Crémieux, l'avocat de Frédéric, souleva un point de procédure dès la première audience et demanda que Labauve ne fût pas admis au titre de partie civile.

Ses arguments ne manquaient pas de logique car, en admettant même que son client fût coupable, il ne pouvait être tenu responsable du préjudice subi par le plaignant qui, en définitive, n'avait été la victime que de ses propos diffamatoires. La Cour jugea recevable la plainte de Labauve, remarquablement soutenu par Maître Chaix d'Est-Ange dont la parole imagée tenait éveillé le public.

Maître Crémieux plaida que rien ne prouvait que son client ait tué Formage. Des présomptions, rien que des présomptions manipulées par la police ! Quant à l'accusation de parricide, il la tourna en dérision, sous les regards approbateurs de la famille Benoit, en opposant l'accusation de 1829 contre Labauve à celle de 1832 contre Frédéric Benoit.

« Et voilà, conclut l'avocat, celui qui n'a échappé que par miracle à l'échafaud ; et vous êtes homme, et vous n'invoquez que des présomptions mille fois moins graves que celles qui s'élevaient contre Labauve ; et vous dites qu'il est impossible que cet enfant n'ait pas assassiné sa mère ! Ah ! si vous l'avez vu plongeant son poignard dans le sein de sa mère, eh bien ! alors, dites oui. Que la foule s'ébranle, qu'un crèpe noir couvre l'accusé, et que de la multitude ameutée autour de l'échafaud sanglant s'échappent en longs murmures ces paroles : Au bourreau le parricide ! Mais vous n'avez pas de preuve. »

Le droit au travail fut respecté et le bourreau eut une nouvelle proie à se

mettre sous la lame. Le condamné, qui, à l'énoncé du verdict, s'était écrié : « Ma mère ! Joseph, mon ami, descendez du ciel pour me justifier », enchanta ses geoliers par sa gaieté. Frédéric Benoit aurait volontiers prolongé sa villégiature en prison mais, le 30 août 1832, il apprit qu'on le conviait à prendre l'air du côté de la barrière Saint-Jacques où l'on avait dressé de quoi distraire le peuple.

Pontoise était alors une petite ville paisible. Monsieur Donon-Cadot s'y était établi quand il avait délaissé, en 1837, le commerce des draps et de la mercerie pour la profession de banquier en chambre. Cet homme escomptait les effets et prêtait de l'argent avec une telle satisfaction de soi que toute autre forme de rémunération pour ses services aurait pu paraître superflue.

Son goût de l'épargne était tel qu'il avait accueilli son veuvage avec sérénité. Monsieur Donon-Cadot mettait un point d'honneur à vivre modestement et il surveillait de près les dépenses de son unique domestique. Bref, c'était un avare de la pire espèce qu'avait fui son fils aîné, Charles, et que subissait son fils cadet, Alexandre-Édouard, aussi discret dans ses études que son père l'était dans la générosité.

Le banquier avait un estomac qui sonnait à heures fixes. Alexandre-Édouard fut donc inquiet de ne pas le voir pour le déjeuner et il prévint aussitôt son frère Charles. Celui-ci, accompagné par sa femme, se rendit au bureau de son père situé au rez-de-chaussée de la maison familiale. Ses appels restant sans réponse, Charles, en héritier décidé, enfonça un des panneaux de la porte. Il passa une main et fouilla au hasard. C'est ainsi qu'il se saisit de doigts qui, pour être glacés, n'en devaient pas moins appartenir à l'avaricieux.

Un serrurier précéda de peu les policiers dans la pièce. Le corps du défunt reposait sur le ventre le long de la boiserie faisant face aux fenêtres. La tête, déjà peu avenante auparavant, baignait, ainsi qu'une partie du tronc, dans une mare de sang. Les vêtements de la victime étaient dans un tel état qu'aucune petite main n'aurait pu leur rendre forme.

Selon les premières constatations, entre neuf et dix heures du matin, un instrument contondant, manié avec plus de force que de dextérité, avait rencontré la face du banquier. Le résultat avait été immédiat : la mâchoire supérieure, les os formant la fosse temporale droite et les dents se transformèrent en bouillie ; des plaies larges et profondes décorèrent la tempe droite ; l'oreille droite pendit en plusieurs lambeaux. Comble de malheur ! Donon-Cadot s'était fait une bosse dans la région temporale gauche en tombant de tout son poids sur le parquet.

Les deux frères délaissèrent vite le cadavre pour effectuer un rapide inventaire. Leur peine n'en fut que plus profonde. Des effets de commerce d'une valeur de cinq à six cent mille francs, six mille francs en billets de banque, six couverts et douze petites cuillers en argent avaient disparu en même temps que leur père !

Dans les trois jours qui suivirent le 15 janvier 1844, date à laquelle le banquier avait escompté sa dernière traite sur la vie, quatre cent soixante-huit effets représentant près de trois cent mille francs furent renvoyés par les postes de Paris, de Saint-Denis et de Poissy sous les adresses de Donon-Cadot et de l'huissier Oudin.

Tandis que les enquêteurs se perdaient en conjectures sur l'identité de l'auteur de cette restitution, ils apprirent que le 16 janvier un adolescent de quinze-seize ans avait encaissé deux des effets volés chez MM. Julien et Georges à Viarmes. Un état fut dressé des effets non retournés et des oppositions déposées. L'adolescent réapparut, le 10 février, à Houilles chez un marchand de vins, qui lui refusa, avec grand plaisir, le paiement d'un effet.

Charles Rousselet fut arrêté le 16 février à Argenteuil alors qu'il présentait à l'encaissement un billet de commerce. Une perquisition au domicile de son père, serrurier à Sannois, permit aux policiers de retrouver du papier semblable à celui des enveloppes avec lesquelles les effets avaient été renvoyés. Le serrurier étant absent de chez lui, il devint dès lors suspect aux yeux de la police.

Deux jours plus tard, vers sept heures du matin, des gendarmes déchiffrèrent une inscription, tracée avec la pointe d'un couteau, sur le mur d'une cabane :

C'est ici que je dois mourir.
Ma tombe est à trente mètres de cette porte,
à un mètre du mur.
ROUSSELET, père.
Ne pleurez pas sur ma tombe ;
je l'ai arrosée de mes larmes en la fouillant.

Les gendarmes poussèrent la porte et trouvèrent un homme hébété, un pistolet chargé et un litre d'eau-de-vie. Rousselet père leur montra, avant de les suivre, la fosse qu'il avait creusée à quelques mètres de son refuge. Le brave serrurier avoua, d'abord, avoir ajouté des acquits et des signatures imaginaires sur les billets que son fils avait essayé de toucher ; ensuite, il admit avoir expédié les enveloppes ; enfin, il prétendit qu'un jardinier avait assassiné le banquier, sur les instigations d'Édouard Donon-Cadot, tandis que lui, Rousselet, s'était chargé du cambriolage.

Édouard fut interpellé le 23 février à Paris alors qu'il se promenait en compagnie de Caroline Mérandon, une ancienne maîtresse de son père. Celle-ci confessa qu'elle avait, dès 1842, partagé ses faveurs de manière équitable entre les deux hommes. Le plus vieux avait mal supporté cette situation et elle avait dû alors quitter Pontoise pour la capitale où ses talents avaient été reconnus dans une maison de rendez-vous de la rue Saint-Denis. La découverte, le 25 février, dans un meuble de la salle à manger de Pontoise, de la clé du bureau de son père qui avait disparu le jour du crime, impressionna tant Édouard qu'il essaya de se pendre le lendemain. Un gendarme, soucieux d'élégance, dénoua cette cravate trop longue à son goût et revigora le jeune homme avec quelques claques.

Édouard se découvrit de merveilleux amis. Paresseux, sombre, avare, colérique. Tous s'accordaient pour lui attribuer ces qualités. Le principal du collège de Pontoise, trop heureux de collaborer avec la police, se souvint qu'Édouard lui avait dit : « Je n'aime pas mon père, je n'aime personne. » D'autres témoins affirmèrent qu'il se plaignait de l'avarice de son père et se vantait de passer des journées sans lui adresser la parole.

Le serrurier et le fils dévoyé s'affrontèrent comme deux coqs lors de la première confrontation. Le serrurier en oublia même qu'il avait accusé un jardinier et il prit à son compte l'exécution du crime tout en accordant toujours la paternité à Édouard. Dans une envolée lyrique du plus bel effet, la voix entrecoupée de sanglots, il s'écria : « Et son barbare fils n'en a pas autant de chagrin que moi. »

Les enquêteurs, décidément bien curieux, s'aperçurent que le défunt avait souscrit d'étranges engagements. L'un d'entre eux était une reconnaissance de dette, à acquitter avant le 31 octobre 1842, au profit de Landrin, un entrepreneur de transports par eau, à qui jadis il avait, moyennant de lourds intérêts, prêté de l'argent.

La femme Landrin avoua que son mari, l'ayant trouvé au lit avec le banquier, s'était senti alors une vocation de proxénète. Landrin reconnut les faits et se pendit le 16 mars non sans avoir auparavant insulté sa future veuve. Monsieur Donon-Cadot n'était donc pas avare de son corps. L'âge venant, il éprouvait presque chaque jour le besoin de se rassurer sur l'état de sa virilité.

Honoré de Balzac honora de sa présence la première audience du procès le 26 juin 1844. L'auteur de la *Comédie humaine* dut apprécier en connaisseur le comportement des deux accusés qui, c'est le moins que l'on puisse dire, ne paraissaient pas animés l'un envers l'autre de sentiments confraternels.

Maître Chaix-d'Est-Ange a changé d'emploi par rapport à l'affaire Benoit. Il est cette fois-ci l'avocat du présumé parricide et les années n'ont en rien altéré ses cordes vocales. Il confondra nombre de témoins de l'accusation dont les propos avaient terni à l'instruction l'image de son client et essaiera vainement de faire avouer à Rousselet le nom de son véritable complice.

Malgré les invités du procureur général, le jury acquitta Édouard Donon-Cadot et accorda les circonstances atténuantes à Rousselet. Le serrurier accueillit avec satisfaction les travaux forcés à perpétuité. Quant à Édouard, redevenu un honorable fils de banquier, il ne prit pas la peine de remercier son défenseur. Son visage trahissait une seule préoccupation : comment récupérer sa part d'héritage !

Le brave garçon avait des raisons de s'inquiéter, car, lors de l'instruction, il avait essayé de détourner les soupçons sur son frère et sa belle-sœur. L'aîné, tout occupé qu'il fût par le recouvrement des créances échues, n'avait pas apprécié les sous-entendus d'Édouard et le lui avait fait savoir.

Charles serait resté seul héritier si son père n'avait eu une vieillesse dépravée. Nul doute que les performances sexuelles du banquier rendirent moins insupportable son assassinat aux yeux des jurés. Ce mort sans moralité ne méritait qu'un serrurier comme assassin. Le parricide se mérite !

SÉPARATIONS À L'AMIABLE

L'adultère a toujours mieux rempli les théâtres de boulevard que les prétoires. Néanmoins, avant et après l'instauration du divorce, des séparations à l'amiable, qui avaient quelque peu dérapé, alimentèrent la chronique des faits divers avec plus ou moins de bonheur. Il est à souhaiter, devant l'indigence de la plupart des crimes passionnels, que les amants en question aient manifesté plus d'imagination lors des manifestations intimes de leur amour.

A la Bastide-Neuve, un hameau de la commune de Gordes dans le Vaucluse, les villageois avaient bien accueilli la fille et le gendre de la veuve Béridot lorsqu'ils s'étaient installés chez elle après la disparition du père Béridot. Trois ans avaient passé et les époux Auphan suscitaient peu de ragots. Tout juste trouvait-on que le Théophile abusait depuis quelques mois avec sa maladie de langueur.

Le 24 décembre 1861, le père de Théophile et Alfred Béridot, un cousin de Fortunée Auphan, vinrent partager la soupe familiale. Alfred, après un dernier verre de vin, partit vers les sept heures et demie du soir pour rejoindre son moulin de Goult. A peine avait-il accompli une centaine de mètres, qu'il crut être la victime d'une hallucination éthylique en entendant un coup de feu et des appels à l'aide.

Alfred revint sur ses pas en courant et trouva la mère Béridot et le père Auphan lancés à gorge déployée dans un concours de pleurs devant Théophile qui, enfin sorti de sa langueur, râlait des « Tuez-moi » et des « Achevez-moi » du plus bel effet. Personne, pourtant, n'eut le cœur de se priver du spectacle d'une agonie. Le blessé, après avoir comblé ses voisins de moult convulsions, expira dans les bras de son père.

Alfred, rendu véloce par l'émotion, avait couru à Gordes chercher un prêtre et un médecin. Les deux praticiens firent la route de concert mais arrivèrent après le dernier soupir de Théophile. Le docteur Appy annonça doctement, sans que cela surprenne les témoins présents, que la mort avait été causée par deux balles reçues en pleine poitrine.

Le jour de Noël, les visiteurs ne manquèrent pas chez les veuves Béridot et Auphan réunies. Le maquignon Denante eut la peine la plus bruyante. Après avoir embrassé le cadavre en criant : « Mon pauvre Auphan, mon grand ami », il monta voir Fortunée qui se reposait dans sa chambre et glissa une main sous les couvertures pour la consoler de plus près.

La mère Tanisier, présente dans la pièce, s'empressa de narrer la scène avec force détails aux voisins assemblés dans la maison. D'aucuns rappelèrent alors que Fortunée n'avait pas assisté son mari et qu'elle avait patiemment attendu qu'il cessât de remuer. Le commissaire de police Beauchamp et les gendarmes Granier et Grandordi apprirent vite ces faits. Ils n'eurent aucune difficulté à faire se délier les langues.

Un tel prétendait avoir aperçu Fortunée et Denante tendrement enlacés dans un char-à-bancs. Tel autre, un miraculé de la mémoire, se souvenait que Denante, lui parlant d'Auphan, lui avait dit : « Cet homme est toujours malade et a peur de mourir ! mais, bah ! ça ne mourra pas, à moins que ça ne crève d'un coup de fusil. »

Les Auphan, qui faisaient si peu parler d'eux auparavant, étaient devenus, par la grâce d'un fusil de chasse, le sujet de toutes les conversations. Les gendarmes estimèrent la cause entendue lorsqu'ils recueillirent la déposition de Cyprien Rivarol. Selon cet intarissable témoin, le défunt se plaignait de l'amertume des cafés de sa femme qui le faisaient vomir et suer d'abondance. Après que les gendarmes lui eurent rappelé qu'Auphan n'était pas décédé suite à un empoisonnement, il leur confia que, un mois plus tôt, Denante lui avait dit que désormais seules la prison et la guillotine pouvaient l'arrêter.

Le soir-même, le maquignon dormait entre les deux gendarmes. Cette peu galante compagnie assombrit son caractère et, vers minuit, il commença à s'agiter et empêcha ses gardes de dormir avec des propos incohérents desquels il ressortait qu'il était victime d'une machination. Au petit matin, le suspect demanda à aller satisfaire un besoin élémentaire.

Il ressortit des lieux d'aisance presque aussitôt en se tenant le ventre. Les gendarmes ne réagirent que lorsque un filet de sang donna quelque relief à cette attitude. L'arme de la tentative de suicide – un couteau – fut retrouvée derrière la porte du cabinet. Les pandores, pris de panique à l'idée que leur client meure des suites de sa blessure, se montrèrent si attentionnés que le prisonnier se confessa à eux.

A l'entendre, il n'avait été que le jouet de Fortunée, une gourgandine qui avait attenté à sa pudeur le jour même de leur rencontre et qui, depuis, n'avait eu de cesse d'épuiser sa « patience ». C'est elle, bien sûr, qui, voyant son mari décliner, avait eu l'idée d'abréger ses souffrances. Serviable de corps comme d'esprit, Denante était parti en chasse de produits toxiques, mais ni le phosphore ni l'opium n'eurent raison du mari grincheux qui trouvait chaque jour sa soupe plus mauvaise que la veille.

Un jour, à Cavaillon, Fortunée et son amant entendirent un camelot vanter les mérites d'un *sublimé* qui évitait bien des disputes lorsque l'on savait le doser. Le *sublimé* en question, du deutochlorure de mercure, n'arracha que des vomissements à Auphan qui se remit aussi d'un coup de pied de cheval. Devant la résistance du souffreteux, Fortunée envisagea toutes les solutions pour accélérer son veuvage.

Elle suggéra au maquignon de noyer son mari dans un puits ou dans la Sorgue, de l'écraser sous les roues de sa voiture, de l'étrangler pendant son sommeil ou de l'étouffer entre deux matelas. Elle aurait fini par croire que son amant, une fois sorti de leurs étreintes amoureuses, était un vil paresseux si celui-ci ne s'était décidé à s'entraîner au tir sur une cible vivante.

Le juge d'instruction fit vérifier les dires de l'assassin. Si un pharmacien d'Apt reconnut avoir vendu à Denante deux grammes d'opium destinés à « assoupir un étalon indocile », son confrère de Cavaillon nia avoir fourni le *sublimé*, mais les indications du maquignon étaient si précises que les enquêteurs purent le confondre. Une autopsie pratiquée sur le défunt et des analyses de ses viscères n'apportèrent aucun élément nouveau.

Le docteur Peyron, le médecin de la victime, s'en tenait, quant à lui, à son diagnostic d'une « gastro-entérite intense » et il comprenait mal pourquoi on s'acharnait à retrouver du poison dans le corps d'un homme qui avait été tué par balles. Cette logique toute médicale laissa de marbre les enquêteurs qui tenaient absolument à avoir des assassins diaboliques. De guerre lasse, le praticien finit par admettre que son patient lui coupait l'appétit avec ses confidences malodorantes. « Je vomis comme des os, du sable et des cendres, ne cessait de gémir Auphan. Tout ce que je mange, tout ce que je bois, a mauvais goût et mauvaise odeur. »

Fortunée Auphan jugea discourtoises et mensongères les allégations du maquignon. Non seulement, elle n'avait jamais été sa maîtresse mais, de plus, alle avait résisté aux assauts répétés de sa virilité. Jamais, elle n'avait quitté la couche de son mari malade même si le pauvre la traitait plus en infirmière qu'en femme. Denante refusa toute polémique. Il se contenta d'indiquer aux gendarmes l'endroit où il avait caché les vingt lettres que lui avait adressées Fortunée durant leur liaison.

Ces missives, si elles ne renouvellent guère le genre de la correspondance amoureuse, révèlent une femme à la passion aussi débraillée que l'orthographe. Elle incitait dans chacun de ses billets celui qu'elle appelait en toute simplicité « Mon bon mari » à la rendre veuve et à se rendre veuf ensuite. L'heureux élu aurait dû se méfier, car le veuvage est une vocation qui en vaut une autre et il aurait fort bien pu, par la suite, subir le même sort qu'Auphan.

La prose de Fortunée nécessite presque une traduction. Néanmoins, qu'on en juge, elle ne manque pas de spontanéité :

> *Mon bon mari je te diré que je lengui bien de couché avec toi pour avoir le plaisir de tant brasé tout à mon aise, pour l'enfant que je porté je tasure quillé tien. Je pense que tu peu conté du jour que nous venions de lile, je te demande une chose, que tu me souvète paplus denfant que ta femme propre, pensé souvent à moi parseque moi je pense tré souvent à toi, je tenbrasse mille fois, et te sère contre mon cœur, il né pas possible que tu même du fon du cœur comme moi je tème cuart je tème à mourir pour toi.*

Fortunée soutint que ces écritures au crayon, qu'un chroniqueur qualifiera de « poésie brutale du rut », n'étaient pas de sa main et que Denante les avaient fabriquées dans le but de la perdre. Deux experts, MM. Bonnet et Ginoux, soutinrent le contraire après avoir comparé les documents avec les comptes de son ménage et ses cahiers d'écolière.

Un auditoire nombreux et joyeux assista aux audiences qui commencèrent le 1er mai 1862 devant la cour d'assises de Carpentras. Fortunée, vêtue avec soin, joua à la « précieuse ridicule » en dissimulant ses traits derrière un manchon ou dans un mouchoir. Il faudra que le président Tailhand la rappelle à un peu moins de pudeur pour qu'elle daigne montrer son visage au public. Fortunée admit, lors de son interrogatoire, avoir été la maîtresse de Denante qui, selon elle, la tenait par les sens. En revanche, malgré les preuves que constituaient ses lettres, elle soutint que c'était son amant qui avait eu l'idée du crime. Denante, quant à lui, eut plus de tenue. Il narra les tentatives d'empoisonnement et la partie de chasse avec une désinvolture de bon aloi. Son rôle achevé, il parut se désintéresser de la suite du spectacle.

Maître Thourel, l'avocat de Fortunée, eut l'heureuse idée de terminer sa plaidoirie par une évocation de l'enfant né en prison qui, selon lui, ressemblait au défunt mari. « Dieu n'a pas voulu, s'écria-t-il, que l'adultère fût fécond, et l'amour légitime a porté son fruit, et cet enfant sera à sa mère un reproche vivant de son adultère et de ses autres crimes. » Les jurés furent bon public et accordèrent les circonstances atténuantes aux deux accusés qui, le 3 mai, furent condamnés aux travaux forcés à perpétuité. Fortunée renifla d'aise et Denante leva à peine un sourcil à l'énoncé du verdict. La caricature du couple parfait. Quel dommage que leur crime le fut moins !

L'adultère connut une espèce d'âge d'or dans les premières décennies de la troisième République. La loi se mêlant de régir la vie privée, le flagrant délit d'adultère fut taxé, en 1884, à vingt-cinq francs. A ce prix-là, la bourgeoisie pouvait déraper en toute quiétude sans trop craindre le constat d'huissier. Le législateur poussa la compréhension jusqu'à estimer à cinq ans d'emprisonnement l'assassinat par jalousie. La qualité des crimes passionnels s'en ressentit durant quelques années.

La célèbre Liane de Pougy, alors qu'elle s'appelait encore Anne-Marie Chasseigne épouse Pourpre, fut l'une des premières victimes de ces dispositions pénales. Son mari, un lieutenant de vaisseau, avait été prévenu de son infortune par l'amiral Du Petit-Thouars. Il n'écouta que son sens de la hiérarchie et tira à vue sur l'infidèle.

Le résultat fut digne de Trafalgar : une balle dans la fesse. Anne-Marie quitta le navire conjugal et commença la carrière galante qui fit sa renommée. Quant au lieutenant de vaisseau Pourpre, sa gloire fut limitée à sa maladresse au tir et on n'entendit plus parler de lui, même pas à l'occasion d'un naufrage.

Fort heureusement pour les amateurs de faits divers, des couples illégitimes pimentèrent l'actualité en se livrant à quelques espiègleries sanglantes. Le 13 août 1889, un garde champêtre, qui s'ennuyait ferme dans les bois de Millery, près de Lyon, surprit un homme dont la nudité était à peine dissimulée par une vulgaire toile.

Le garde champêtre trouva l'accoutrement du cadavre si peu élégant, même en été, qu'il prévint la gendarmerie. L'autopsie révéla que le décès remontait à cinq semaines et que l'homme n'avait pas résisté à une strangulation un peu trop appuyée. Un seul disparu correspondait à peu près au signalement de l'inconnu : l'huissier parisien Toussaint-Augustin Gouffé dont la disparition avait plongé dans l'affliction les créanciers qui avaient recours à ses services.

La police orienta logiquement ses recherches vers les mauvais payeurs qui avaient subi récemment la visite de l'huissier. Certains d'entre eux manifestèrent une joie non équivoque à l'annonce de la mort de Gouffé, mais ils avaient tous autant d'alibis que de dettes. L'enquête s'orienta, en désespoir de cause, sur la vie privée de Gouffé. En apparence, ce veuf tranquille vaquait à ses occupations et prenait soin de ne jamais déranger ses voisins.

La police finit par apprendre que la gente féminine avait droit à toutes ses attentions lorsqu'il effectuait les relevés du mobilier qu'il affectionnait tant. Néanmoins, aucune indélicatesse ne put être relevée contre lui.

Des pensionnaires de maisons de rendez-vous reconnurent avoir eu pour client cet homme de quarante-neuf ans dont la bonne santé les épuisait à chaque visite. Les semaines précédant son séjour dans les bois de Millery, Gouffé avait délaissé ses habitudes pour fréquenter une demoiselle de mœurs légères, Gabrielle Bompétard. On avait vu le couple dans des restaurants en compagnie de Michel Eyraud, un industriel en faillite qui avait peut-être besoin des conseils d'un huissier.

Pendant que la police s'épuisait à rechercher Gabrielle Bompétard et Michel Eyraud, un promeneur trouva par hasard les débris d'une malle marron dont le fond était taché de sang. Il fut vite établi qu'une malle de ce type avait été expédiée de Paris à destination de Lyon-Perrache le 27 juillet.

Dès lors, la décision fut prise de faire publier par la presse les portraits des trois disparus afin d'inciter les deux présumés vivants à se faire connaître. Gabrielle et Michel restèrent d'une discrétion exemplaire, mais un londonien écrivit au juge d'instruction que, le 11 juillet, Michel Eyraud, alors son locataire, avait acheté une malle ressemblant à celle dont l'image avait été imprimé dans les journaux.

Les fugitifs, sans doute doués du don d'ubiquité, furent signalés presque en même temps à Londres, Chicago, Québec, Mexico, La Havane, etc. Leur popularité devint telle que l'on chanta bientôt des airs à leur gloire. La « Complainte de Gabrielle Bompétard » de Poupay et Spencer était reprise en chœur tous les soirs par les spectateurs de *l'Eldorado* :

> *Tout le monde parle d'elle*
> *Gabrielle Bompétard*
> *Elle enfonce la Pucelle*
> *Gabrielle ! Gabrielle !*
> *Jeanne d'Arc et Sarah Bernhardt*
> *Gabrielle Bompétard*

Gabrielle, grisée par cette rumeur flatteuse dont elle percevait les échos, se livra à la police le 22 janvier 1890 et Michel Eyrand fut arrêté à La Havane en juin. Gabrielle prétendit avoir agi en état de sommeil hypnotique, mais son complice fut plus pragmatique et sa version des faits a au moins l'avantage d'être simple et claire.

Gabrielle, pendant que l'huissier soufflait sur elle, aurait délicatement passé la cordelière de sa robe de chambre autour du cou de son amant qui éprouva, au début du moins, un certain plaisir. Eyraud avait achevé le travail à mains nues en prenant soin toutefois de pendre le cadavre après pour qu'il n'y ait pas de mauvaise surprise.

Durant le procès, des camelots vendaient sur les boulevards parisiens des petites malles à ouverture secrète qui faisaient les délices des enfants. Le 19 décembre 1890, Michel Eyraud fut condamné à mort et Gabrielle Bompétard à vingt ans de travaux forcés. Michel n'eut pas longtemps à attendre pour perdre la tête dans un panier de son. La cérémonie eut lieu le 3 février 1891 devant un public fervent.

Gabrielle, qui n'était âgée que de vingt et un ans, en conçut certainement du chagrin malgré leurs différends devant les assises. Elle fut graciée en 1905 et s'éteignit quinze ans plus tard non sans avoir auparavant, comme le voulait la coutume, publié ses *Mémoires*.

Gabrielle Bompétard

Complainte
Créée par **SULBAC** à l'Eldorado

DU SANG À L'ENCRE

« L'instinct du crime n'a pas besoin d'être remué encore par l'amour de la célébrité », écrivit, dans un moment de lucidité, Napoléon 1er à Fouché. Les assassins, soucieux de la postérité de leurs actes, ne l'entendirent pas ainsi et ils participèrent de manière désintéressée au développement d'une presse spécialisée. Plus encore que d'encre, les imprimeries avaient besoin de sang pour donner toute leur mesure.

La moindre catastrophe, la naissance ou le décès d'un grand de ce monde, la plus banale guerre ; tout semblait bon pour combler quelques colonnes, mais les rédacteurs ne pouvaient se permettre d'attendre, la plume à la main, l'heureux événement. Le vol, le crime et tous leurs dérivés garantissaient, eux, une matière première inépuisable.

Le public, avide de cauchemars et de frissons, attendait sa ration quotidienne. Les vendeurs, à chaque carrefour, proposaient aux badauds des émotions à la une. Leur talent de crieur comptait plus, bien évidemment, que la véracité ou l'importance des faits narrés. « L'homme qui crie dans Paris l'arrêt du criminel qu'on va exécuter, notait déjà Balzac dans *La Grande Ville,* ou la relation de ses derniers moments, ou le bulletin d'une victoire, ou le compte rendu d'un crime extraordinaire, vend pour un sou le feuillet imprimé qu'il annonce et qui se nomme canard en terme d'imprimerie. »

Émile de Girardin obligera les canardiers à se renouveler et à offrir d'autres « services » aux lecteurs. La concurrence devint féroce lorsque les journaux se spécialisèrent dans ce domaine. *Faits divers,* en 1862 ; *le Journal illustré,* l'année suivante occupèrent ce créneau jusqu'au moment où *Le Petit Parisien,* bientôt suivi du *Petit Journal,* publia un supplément illustré.

Un homme plus que tout autre contribua à la prospérité des journaux. Pourtant, à ce jour, la presse reconnaissante ne lui a élevé aucun monument. Cette ingratitude est d'autant plus choquante que l'homme en question se prêta volontiers à toutes les commercialisations de son image. Grâce à lui, les Français, qui en éprouvaient le besoin, frissonnèrent d'aise de septembre 1869 à janvier 1870.

A l'aube du 20 septembre 1869, le maraîcher Langlois découvrit dans un champ de Pantin le cadavre d'une fillette. Ce paysan serviable et servile préviendra les autorités et se transformera ensuite en un fossoyeur de talent. Devant une petite foule évaluée à cent cinquante personnes, il déterrera cinq autres cadavres : une femme d'une quarantaine d'années, un jeune homme de seize à dix-sept ans et trois jeunes garçons.

L'autopsie révèlera que la femme était enceinte et qu'elle avait reçu pas moins de vingt-trois coups de couteau. Les vêtements étant de bonne facture, le commissaire de police Roubel en déduira que les victimes étaient des gens de qualité et que l'assassinat de ces bourgeois méritait d'être connu du public. La presse ne se fit pas prier et, dès le 22 septembre, *La Gazette des Tribunaux* trouva le ton juste : « Jamais hécatombe ne fut faite par une main plus terrible et plus assurée. »

Le tailleur Thomas de Roubaix, dont la griffe ornait les habits des jeunes garçons, identifiera les défunts. Une honorable famille, les Kinck, qui résidait au 22, rue de l'Alouette. La police fit ses comptes. Deux personnes manquaient à l'appel de la morgue : Jean, le père, et Gustave, le fils aîné. Pour l'envoyé spécial du *Figaro* à Roubaix, l'identité des coupables ne fait dès lors plus de doute, et c'est d'une plume assurée qu'il décrit la maison des Kinck : « Des portraits à la cheminée, je ne les vois pas très distinctement, mais il me semble que le père a une physionomie un peu commune dans sa rudesse, mais où dominent l'énergie et l'égoïsme. Le visage de l'autre assassin, Gustave, respire la sombre exaltation et certainement l'avarice... »

Le gendarme de marine Ferrand adorait vérifier l'identité des individus dont l'allure ne correspondait pas à ses normes. Le 22 septembre vers midi, il pénétra dans le cabaret de *La Femme sans tête* au Havre et repéra aussitôt un suspect aux joues maigres et au regard fiévreux. L'homme n'ayant pas de papiers d'identité sur lui, Ferrand lui proposa une promenade jusqu'au dépôt de sûreté du port. Chemin faisant, l'inconnu s'enfuit et se jeta dans le bassin du commerce.

Il se serait noyé si n'était apparu le calfat Hauguel qui plongea, le maîtrisa et le hissa sur le quai. Avant même que ne soit révélée l'identité de la prise du gendarme Ferrand, des journaux affirmèrent qu'il s'agissait bien de l'infâme Gustave. L'affaire du crime de Pantin occupait désormais deux à trois pages des principaux quotidiens. La presse gouvernementale tressa des lauriers au calfat Hauguel et *Le Figaro* lui offrit un chronomètre en or en récompense de son exploit civique.

Une dépêche de Léopold Laurens, publiée par *Le Petit Journal* du 24 septembre, consterna tous ceux qui espéraient une sordide affaire familiale dans laquelle les rebondissements auraient été nombreux. L'inconnu s'appelait Jean-Baptiste Troppmann et était Alsacien tout comme Jean Kinck. Une foule fébrile attendit, gare Saint-Lazare, l'arrivée du train venant du Havre. Les policiers, avec l'aide du chef de gare Prudhomme,

Troppmann

réussirent à soustraire Troppmann aux élans de ses admirateurs. Claude, le chef du service de la Police de sûreté, veillait lui aussi de près sur son bien.

Ce policier, plus roué qu'intelligent, veut aller vite. Aussi fait-il conduire aussitôt Troppmann à la morgue pour le confronter à ses victimes. Le prisonnier, guère impressionné, examinera plus les lieux que les cadavres et avouera seulement avoir aidé Jean et Gustave Kinck dans leur office meurtrier. Claude sera alors tellement impressionné par ce jeune homme d'une vingtaine d'années que, quinze ans plus tard, lorsqu'il rédigera ses *Mémoires,* il délirera sur la main droite de Troppmann : « C'était une main forte, décharnée, large et dont le pouce montait jusqu'à la phalange supérieure des doigts. L'écartement considérable qui existait entre le pouce et l'index donnait à cette main, monstrueuse, scélérate, quelque chose d'atrocement difforme ; elle ressemblait à la serre d'un vautour. »

La dite main aura un destin exceptionnel puisque, après l'exécution de Troppmann, elle sera offerte à Adolphe Desbarolles, un collectionneur maniaque, inventeur de la « chirognomonie », une discipline, disait-il, en harmonie avec la phrénologie et la physiognomonie. Cette « science » permettait, ni plus ni moins, de déterminer, en examinant ses mains, si un homme était un assassin en puissance. La même théorie, adaptée aux pieds, aurait révélé, n'en doutons pas, d'heureuses perspectives !

Ni la qualité ni la quantité des meurtres de Jean-Baptiste Troppmann n'auraient mérité qu'on s'y arrête davantage si ceux-ci n'avaient été accompagnés d'une ferveur populaire sans précédent. Dans les huit jours qui suivirent la macabre découverte du maraîcher, le champ du crime se transforma en une gigantesque fête foraine. Les ouvriers et les petits-bourgeois prirent d'assaut les trains spéciaux mis en service par les chemins de fer du Nord et on compta sur les lieux jusqu'à cent voitures de maître par jour.

Des colporteurs vendaient à la criée des reliques qui auraient appartenu aux victimes. La foule chantait, sur des airs à la mode, des complaintes en hommage aux Kinck. Ce sera du délire, après le dimanche 26 septembre, lorsque, grâce au flair du chien d'un boucher, le cadavre de Gustave Kinck sera exhumé du champ sur lequel avaient été plantées trois croix dont une géante.

Plusieurs centaines de milliers de personnes feront le pèlerinage de Pantin durant l'instruction. Malheureusement, aucun miracle ne sera observé et le champ se révélera stérile après que Gustave eut rejoint ses frères et sœurs à la morgue ! L'attention se déplacera un temps lorsqu'il fut décidé qu'il était temps de mettre en terre les Kinck en attente d'une ultime demeure.

Quatre cités – Lille, Roubaix, Tourcoing et Cernay – revendiquèrent l'honneur d'accueillir les dépouilles, mais aucune de ces villes ne tenait à assumer les frais de l'opération. C'est finalement le conseil des ministres qui eut à trancher le problème de l'enterrement des Kinck. Tourcoing fut choisie et l'État prit tout à sa charge.

Tourcoing, où deux ans auparavant des émeutes ouvrières avaient éclaté, battit d'un seul et même cœur pour recevoir les morts illustres. Les autorités civiles, militaires et religieuses se mêlèrent sans dégoût apparent à la populace. Il s'en fallut de peu que le 1er octobre fût déclaré jour férié en souvenir de cet unanimisme.

Le Petit Journal approchait certains jours les 500 000 exemplaires et s'il n'avait tenu qu'à ses propriétaires, le cadavre de Jean Kinck n'aurait jamais été retrouvé car, à chaque fois qu'une piste se révélait fausse, les ventes repartaient de plus belle.

Un journaliste de *La Chronique illustrée* résumera parfaitement l'état d'esprit du pays en ce mois d'octobre 1869 : « L'empereur qui, heure par heure, se fait rendre compte de l'instruction, s'inquiète de Troppmann en son impériale résidence comme l'ouvrier s'en occupe au cabaret et le bourgeois placide en sa maison. »

Ce fut Troppmann qui se fatigua le premier et qui indiqua à M. Claude l'endroit où se prélassait le corps de sa dernière victime. Les débris informes, que l'on retrouva dans la région d'Herinfluch en Alsace, firent office de cadavre. Les viscères furent prélevés pour le principe et les analyses, avant que l'inhumation ait lieu dans le village de Guebwiller où vivaient les deux sœurs du défunt.

Les mobiles véritables des crimes de Troppmann ne furent jamais découverts et lui-même donna autant de versions que ses interlocuteurs souhaitaient en entendre. De même, s'il prétendit avoir agi avec des complices, il ne livra jamais leurs identités. Dans la centaine de pages de ses *Mémoires*, qu'il consacre à l'affaire Troppmann, M. Claude fait de son ancien client l'instrument d'une association allemande chargée de miner la France !

« Si la justice, confie Claude, a laissé dans l'ombre ses complices, c'est qu'en dehors des crimes épouvantables de Troppman, le gouvernement avait intérêt à cacher leur début dans la voie où Troppmann s'était ensuite engagé pour son compte personnel. »

Le laquais, qu'était l'ancien chef de la Sûreté, vilipendait ses anciens maîtres pour mieux flatter les nouveaux. Quant à ses autres affirmations fantaisistes, elles s'inscrivaient dans le climat anti-allemand de la France d'après Sedan. Il y avait du caméléon chez ce pauvre Claude !

Jean-Baptiste Troppmann, débarrassé des soucis de l'instruction, peut enfin recevoir en toute quiétude dans sa cellule de la prison de Mazas. L'ambassadeur d'Angleterre, des membres de l'Institut et des notables solliciteront une « audience ». Devant l'afflux de demandes de permis de visite, le ministre de l'Intérieur publia, le 1er décembre, un communiqué dans lequel il était précisé que Troppmann appartenait à la justice, mais que le directeur de la prison pouvait, à défaut de la personne, montrer un « portrait de grandeur naturelle, qu'on dit très ressemblant ».

M. Thévenin, dès qu'il fut désigné pour présider la cour d'assises, fut l'objet de nombreuses sollicitations et il reçut près de 15 000 demandes de places. Quelques centaines de personnes passèrent la nuit du 27 au 28 décembre à la porte du palais de justice de Paris dans l'espoir d'entrer. Des vendeurs de marrons et de bols de vin chaud ravitaillèrent cette foule exaltée qui se berçait d'illusions.

Alexandre Dumas fils et trois journalistes américains venus spécialement pour le procès furent les vedettes incontestées de la première audience. Pour un peu, on en aurait oublié Troppmann et son défenseur Maître Lachaud, l'ancien avocat de Marie Lafarge. Soixante témoins de l'accusation et cinq de la défense assurèrent à ce procès un semblant d'équité. Maître Lachaud somnola d'abondance et parla peu.

Au bout de trois jours d'audience, le jury fut invité à répondre à dix-sept questions. Les délibérations durèrent quarante minutes au bout desquelles Jean-Baptiste Troppmann, le sourire aux lèvres, entendit sans broncher sa condamnation à mort.

« La justice a l'air de parler argot ; elle ne dit pas : Ici l'on tue ; mais : Ici l'on rogne. » Cette définition de la guillotine par Villiers de L'Isle-Adam aurait déplu à *Monsieur de Paris* s'il avait lu d'autres écrits que les ordres de dresser les bois de justice. La veille de l'exécution de Troppmann, *Le Petit Journal* battit tous ses records de tirage en atteignant 594 000 exemplaires. Les pousseurs de feuilles en eurent les mains ensanglantées, ce qui ajouta au plaisir des lecteurs.

Le commandant de la prison de la Roquette, un homme d'une grande urbanité, offrit un souper à quelques personnalités afin qu'elles patientent l'estomac rassasié. Tourgueniev et Maxime du Camp, deux belles âmes littéraires, furent du nombre. Quelques milliers de parisiens attendirent l'aube du 19 janvier 1870 devant la Roquette. Les plus fortunés louèrent une fenêtre 300 francs, d'autres payèrent une place sur un banc ou une chaise entre 5 et 20 francs, mais le plus grand nombre resta debout.

Le bourreau procédera à quelques essais, sous les exclamations admiratives de la foule, avant qu'on ne lui amène le condamné. Tourgueniev sera séduit par la dignité de Troppmann : « Il faisait tout cela d'un air délié, vite, presque gaiement, comme si l'on était venu l'inviter à la promenade (...) Nous étions surpris de la simplicité de ses mouvements, une simplicité qui, comme tous les actes naturels de la vie, était de l'élégance. »

Jean-Baptiste Troppmann, tel un petit lutin, voulut s'amuser une dernière fois et, en bombant son dos, il réussit à faire passer sa tête au-dessus de la lunette. Le bourreau s'énerva et le saisit à pleines mains pour le ramener sur la bascule. Très en verve, Troppmann le mordit légèrement au médius de la main gauche. *Monsieur de Paris,* stoïque sous l'outrage, réussit enfin à engager la tête du supplicié dans la lunette à la grande satisfaction de l'assistance qui en hurla une Marseillaise.

Tourgueniev, que le chant révolutionnaire avait ému, apprécia moins le déchaînement des bas instincts qui suivit la chute du couperet. « Aussitôt après l'exécution, écrit-il, pendant que le corps, jeté dans la charrette, s'en allait dare-dare, deux hommes profitant du tumulte inévitable, avaient pu rompre le cordon des soldats et, en rampant vers la guillotine, tremper leurs mouchoirs dans le sang qui filtrait à travers les fentes du plancher. »

George Sand, jamais en retard pour cracher à vue sur un cadavre, écrira à ses enfants que « Troppmann a subi son affaire avec un grand calme et beaucoup d'aisance. Seulement à la fin il a voulu se dérober par une convulsion d'horreur propre à tous ceux qui passent par cette hideuse machine ». Elle ne faisait que reprendre, en termes faussement humanistes, la version des faits d'un journaliste du *Petit Journal* qui, en s'attirant les faveurs de *Monsieur de Paris*, avait réussi à se faire engager comme aide-bourreau.

Les concurrents du *Petit Journal* s'émurent des complaisances dont avait bénéficié le scribe et M. Chevandier de Valdrome, ministre de l'Intérieur, fut interpellé à ce sujet, le 20 janvier 1870, devant le corps législatif.

Il y eut dans les années qui suivirent des Troppmann belge, anglais et même femme. Jean-Baptiste Troppmann était devenu une sorte d'unité de mesure de la férocité d'un criminel, mais le plus bel hommage posthume fut sans conteste le titre de « rédacteur en chef » que lui attribua le *Journal des Assassins*, organe officiel des chourineurs réunis, dans son unique livraison du dimanche 30 mars 1884. Une Marseillaise, qui en vaut bien une autre, figurait à côté de l'annonce du feuilleton littéraire, *La Revanche du guillotiné*.

LA MARSEILLAISE DES ASSASSINS
sur l'air de La Marseillaise.

Allons ! assassins qu'on piétine !
Le jour de gloire est arrivé !
Contre nous, de la guillotine,
Le glaive sanglant est levé ! (bis)
Entendez-vous, au fond des bagnes,
Mugir ces valeureux forçats ?
Ils viennent, de leur coutelas,
Venger nos fils et nos compagnes !
Aux armes, chourineurs ! Saignons les
aristos !
Marchons ! (bis) qu'un sang impur abreuve
nos couteaux.

Que veut cette horde de juges,
Ce lâche troupeau de jurés ?

Pour qui ces ignobles refuges,
Ces fers, dès longtemps préparés ? (bis)
Frères, pour nous, ah ! quel outrage !
Quels transports il doit exciter !
C'est nous qu'on ose méditer
D'enfermer comme oiseaux en cage !
Aux armes, chourineurs ! etc.

Quoi ! des cohortes mercenaires
Nous livreraient à leurs geôliers !
Quoi ! des glaives humanitaires,
Jetteraient nos troncs aux paniers ! (bis)
Grand Dieu ! place de la Roquette,
Nos chefs, d'un seul coup, tomberaient !
D'ignobles bourreaux deviendraient

Maîtres de nous couper la tête !
Aux armes, chourineurs ! etc.

Tremblez, tigres judiciaires,
Avocats, juges et jurys !
Tremblez, vos exploits sanguinaires
Vont enfin recevoir leur prix ! (bis)
Tout est couteau pour vous combattre
S'ils tombent, nos vaillants héros,
Le bagne en fournit de nouveaux,
Contre vous tout prêt à se battre
Aux armes, chourineurs ! etc.

Charlotte ! ô toi que Lamartine
Dit « l'ange de l'assassinat » !
O toi qu'attend la guillotine
Brave Campi, pour nous combat (bis)
Sous nos poignards, que l'opulence
Accoure, les pieds dans le sang !
Et que l'échafaud s'écroulant !
Nous laisse maîtres de la France !
Aux armes, chourineurs ! Saignons les
aristos !
Marchons ! (bis) qu'un sang impur abreuve
nos couteaux !
          ROUGET (de l'Ile Nou)

Le *Journal des Assassins,* de lecture agréable, ne versait pas, contrairement à ses confrères, dans l'hypocrisie ou l'universalisme humaniste. Il ne prétendait servir qu'une seule cause, celle de Michel Campi, un criminel aussi discret que talentueux.

Monsieur Ducros de Sixt aurait fait le bonheur des caricaturistes de *L'Assiette au Beurre* tant sa physionomie reflétait l'autosatisfaction du rentier bien dans sa peau et son époque. Cet ancien avocat n'avait jamais réveillé personne avec l'une de ses plaidoiries. D'ailleurs, on croyait l'entendre compter à haute voix lorsqu'il plaidait dans des affaires aussi médiocres que ses ambitions. Néanmoins, à force d'ânonner dans le sens du vent, il avait amassé un joli petit pécule.

Son appartement lui ressemblait. Tout y était mesuré. Sa sœur et sa servante ne dépareillaient pas d'avec les meubles. M. Ducros de Sixt faisait la sieste lorsqu'un homme se présenta à son domicile dans l'après-midi du 10 août

1883. La servante étant partie en courses, la sœur, la mine aussi avenante qu'une cruche d'eau, alla ouvrir. Le visiteur demanda à parler à la domestique, ce qui choqua mademoiselle Ducros de Sixt. Depuis quand une femme de maison recevait-elle des visites chez ses patrons ?

L'homme, cavalièrement éconduit, revint peu de temps après et conversa à nouveau avec la sœur de l'ancien avocat. Il ne dut pas apprécier ses propos, car, très rapidement, il rythma ses propres paroles avec une massette de casseur de pierres. La vieille fille n'avait jamais réfléchi assez pour avoir de la migraine. Elle hurla comme une folle dès le premier coup.

Son agresseur perçut ce cri comme un encouragement et, avec une belle énergie, il continua de plus belle tandis que l'autre s'époumonait à appeler à l'aide. Elle était déjà occupée à tacher un tapis avec sa chevelure poisseuse de sang, quand son frère apparut en bâillant. D'un seul coup d'un seul, l'homme lui ferma la bouche et se soulagea de la vue des dents cariés de l'ancien avocat.

Cette action l'avait malheureusement détourné de son premier ouvrage et mademoiselle Ducros de Sixt en avait profité pour reprendre son récital de vociférations. Il la punit par où elle avait péché et lui trancha la gorge avec un couteau. La servante, lorsqu'elle découvrit le carnage, cria en songeant probablement à tout le ménage qu'elle aurait à faire et, pour prendre des forces avant l'effort, alla prévenir la police.

Le jour même, lors de l'enquête de routine dans l'immeuble de la rue du Regard, les policiers découvrirent un homme qui se cachait dans une chambre de bonne. Son apparente atonie et le fait qu'il soit assis à terre le rendirent immédiatement suspect. Une fois arrivé au commissariat de police, il reconnut, sans difficulté aucune, être l'auteur de l'agression et disculpa la domestique qui n'avait été qu'un prétexte pour pénétrer chez les Ducros de Sixt.

Un client aussi coopératif aurait dû ravir les enquêteurs. Pourtant, les ingrats faisaient grise mine et ne savaient que dire pour contenter la curiosité des journalistes. L'assassin leur posait, en effet, un problème de taille. Il refusait de décliner son identité ! Tous les interrogatoires tournaient court avec un dialogue d'une jolie simplicité :

Votre profession ? Inconnue.

Votre domicile ? Inconnu.

Qui êtes-vous ? Un inconnu.

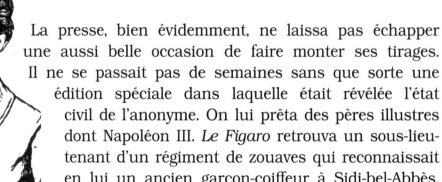

Michel Campi

La presse, bien évidemment, ne laissa pas échapper une aussi belle occasion de faire monter ses tirages. Il ne se passait pas de semaines sans que sorte une édition spéciale dans laquelle était révélée l'état civil de l'anonyme. On lui prêta des pères illustres dont Napoléon III. *Le Figaro* retrouva un sous-lieutenant d'un régiment de zouaves qui reconnaissait en lui un ancien garçon-coiffeur à Sidi-bel-Abbès. *Le Cri du Peuple* obtint le témoignage de deux femmes qui avaient connu l'assassin alors qu'il était clerc d'avoué à Marseille.

L'assassin, peiné de causer tant de tracas à la police et à la justice, fut conciliant et dit que, si cela simplifiait les choses, il acceptait qu'on l'appelât Michel Campi, un nom et un prénom qui, pour être d'emprunt, sonnaient agréablement à ses oreilles.

Le *Journal des Assassins* ne pouvait manquer de donner la parole à son maître à tuer. Il le fit dans une saynète d'une fort belle facture.

CAMPI

L'ASSASSIN MYSTÉRIEUX

DE LA RUE DU REGARD

Le crime. — L'arrestation de l'assassin. — Le mystère de sa naissance. — Son jugement. — Sa condamnation à mort. — Son exécution.

BAUDOT, Editeur, 20, rue Domat, Paris.

CAMPI A PARLÉ

Hier soir, grâce aux excellentes relations de notre ami et sympathique collaborateur Camille Doucet avec M. Macé, nous avons pu obtenir l'autorisation de communiquer avec Campi.

Nous n'avons pas voulu suivre la voie déjà tracée par nos devanciers, et envoyer un simple reporter à la Roquette.

Nous nous sommes empressés d'aller trouver les notabilités de la presse et nous les avons réunis dans un but humanitaire.

Elles ont bien voulu nous suivre dans le réduit sinistre où Campi réside, et elles ont coopéré à l'interrogatoire dont nous donnons ici le résumé sténographique.

Campi n'avait pas l'air d'être à la noce, cela se conçoit aisément.

Dès l'entrée des notabilités de la presse, il a instinctivement fermé les yeux.

M. Jules Vallès s'est présenté le premier.

– Eh bien ! mon ami, vous appartenez à la secte des lamentables... Allons, du nerf !

Campi répond : merde !

– Pas poli, s'écrie aussitôt M. Sardey du XIXe siècle ; apprenez donc à respecter les socialistes.

Campi répond : Vous me faites...

M. Dumas fils indigné se présente :

– Voyons, mon cher assassin, dites-nous où est votre sœur ; il y a là un intérêt pour le théâtre moderne.

– Vous n'en pouvez douter...

Campi se met alors en fureur et M. Beauquesne, directeur de la Roquette, le menace de la camisole de force.

– Qu'est-ce que ça me f... ! à moi, ce que vous me demandez là.

– Ah ! pardon, insinue M. Catulle Mendès... c'est qu'il y a des sœurs qui auraient pu être des tantes...

– En effet, ajoute le remarquable jurisconsulte Salis ; ça s'est vu...

– Comment ? grogne Magnard, des sœurs qui seraient des tantes ; jamais !

– Vous êtes trop bête pour comprendre, fait doucement Théodore de Banville.

A ce moment, Campi qui paraissait n'avoir pas pris un grand intérêt à toute cette discussion, essaye d'étrangler un gardien.

– Malheureux ! qu'alliez-vous faire ? hurle M. Hector Pessard ; vous n'avez pas le sentiment de l'ordre ; on doit respecter la police.

Campi hausse les épaules et rugit.

M. Beauquesne et M. Macé reculent épouvantés ; Campi, en effet, ouvre démesurément la bouche et fait voir des dents de fauve.

A cet instant, M. Barbey d'Aurévilly s'approche et, sur un ton d'autorité, interroge Campi :

– Ah ça ! misérable !...

– Comment, dit Campi, vous m'appelez misérable, moi qui ai fait justice...

A ce moment, M. Barbey d'Aurévilly cligne de l'œil d'une façon significative du côté de M. Macé.

Campi prend alors une attitude nouvelle ; regardant M. Barbey d'Aurévilly, il s'écrie :

– Où est Léon Bloy, le fumiste qui écrit au Figaro *et au* Chat Noir *?*

– Léon Bloy ? dit Barbey en avalant son reste de moustache, je l'ai dans ma poche... il ne déteste pas les assassins.

M. Léon Bloy s'approche et recueille la confidence suivante de notre éminent confrère Campi :

– J'ai tué pour emmerder la magistrature ; et voilà !

La cour d'assises de la Seine condamna à mort le soi-disant Michel Campi qui, durant toutes les audiences de son procès, garda cet air calme qui faisait son charme. Le bourreau, quant à lui, n'émit aucune objection quand on le pria de guillotiner, le 30 avril 1884, un homme qu'on ne pouvait même pas lui présenter.

L'assassin mystérieux partit avec ses secrets. La presse ne lui parvenant pas dans son panier de son, il ne put prendre connaissance de ses *Mémoires* qui furent publiés par *La Lanterne* et il ignora les *Révélations* d'une de ses maîtresses.

Longtemps après que Campi eut disparu, les chanteurs des rues charmaient les badauds avec le récit de son épopée.

COMPLAINTE DE CAMPI
(Sur l'air de Fualdès.)

Honnêtes gens de la France,
Et de l'univers aussi,
Retenez bien le récit
D'un crime de conséquence,
Le vrai nom du criminel
Reste un mystère éternel.

Cette épouvantable histoire
Arriva ru' du Regard,
Ell' restera, tôt ou tard,
D'nos enfants dans la mémoire,
Quand on parlera d'Campi,
Chacun en sera saisi.

En couplets, voici le drame :
Ce Campi mystérieux
Est allé, comme un furieux
Frapper, d'abord, une femme ;
Ensuite, un pauvre vieillard,
C'est pas gentil, de sa part.

La femme n'en est pas morte ;
Mais, l'vieillard a succombé ;
Sous les coups il est tombé ;
Puis, il a fermé la porte.

Seulement, chaque voisin
Tout d'suit', crie « à l'assassin ! »

En un clin d'œil, la police
S'empresse de rechercher
L'coupabl', qui v'nait de s'cacher,
Se croyant plein de malice.
On l'trouve, avec son marteau ;
Franch'ment, c'était pas trop tôt.

On lui demande à cet homme
Ce qu'il venait d'accomplir.
Il répond pour en finir :
« Deviner comment je m'nomme ?
« Je l'dis tout haut, comm' tout bas,
« L' public ne le saura pas. »

Ni l'public, ni l'ministère
N'eut pu découvrir son nom.
Le connaître ? Jamais, non !
Il a préféré se taire.
Campi reste, à grand regret,
Comme un bizarre secret.

Ça peut vous paraître drôle ;
En vain, on a publié
Son portrait photographié ;

Mais, Campi tenait parole.
Il disait : « J'mappell' Campi ;
« Si vous m'dcouvres, tant pi' !

Cependant, maître Laguerre,
Un avocat distingué,
Reçoit (ce qui n'est pas gai),
La visite de la mère,
Qui lui dit : « Voilà le nom ;
« Mais, n'en dites rien ; sinon...

« C'en est fait d'votre existence
« Si vous causez, l'moindrement
« Illico, sur le moment,
« On vous crèvera la panse. »
C'qui fait qu'Laguerre s'est tu,
Et qu'Campi reste inconnu.

Par devant la cour d'assises,
Il gard' le même maintien.
Monsieur Macé n'a su rien.
Le président (qu'on se l'dise)
L'interroge, en vain, toujours,
Avant de trancher ses jours.

Tandis que la plaidoirie
Marche toujours de l'avant,
En parlant d'un air savant ;
L'chef du tribunal s'écrie :
« Qu'il s'appelle, ou non Campi,
« C'coquin doit être puni.

« Son nom ? Voulez-vous qu'je l'dise,

« Et l'désigner, sans retard ;
« L'assassin de la Ru' du R'gard. »
C'est c'qui fait qu'la cour d'assises,
A la mort l'a condamné,
Pour avoir assassiné.

On fait un recours en grâce ;
Mais, ça ne réussit pas,
De Grévy chacun tout bas
Croit qu'l'indulgence se lasse,
Et, c'est bien la vérité,
L'coupable est exécuté.

Auprès de la présidence
Laguerre insiste à nouveau,
Pour sauver de l'échafaud,
Campi, peu dign' de clémence,
Il dit : J'vous révél'rai l'nom ; »
Mais, Grévy lui répond : « non ! »

Et, Campi, le grand coupable,
Que je suis loin de louer,
S'est contenté d'avouer
Son crime, très condamnable,
Mais, il a toujours redit
Qu'il n'avait nom que : Campi !

La moralité d'ce drame,
C'est que l'on aurait eu tort
D'lui fair' grâce, car d'abord
Campi, n'était qu'un infâme ;
Puisqu'il donna la mort,
Il méritait bien son sort.

LES AMATEURS
ET LE POÈTE

Nombre d'assassins auraient mérité de figurer dans cet ouvrage. Je pourrais, si j'étais de mauvaise foi, arguer de leur amateurisme et me montrer plus sélectif que ne le fut la Veuve. A la vérité, mes coups de cœur pour tel ou tel criminel furent autant le fruit du hasard que de l'humour que j'ai prêté à leurs actes délictueux. Que de regrets, donc, avant de conclure !

Charles Dautun, qui, en 1814, avait dépecé son frère aîné Gustave sous le prétexte légitime que celui-ci refusait de lui avancer de l'argent, fut un amateur bien méritant. Il ne pouvait savoir que le métier d'équarriseur nécessite plus de technique que de force physique.

Son ouvrage le laissa si épuisé qu'il n'eut pas la force de jeter les paquets de « barbaque » dans la Seine. Il se traîna sur les quais et les abandonna au fur et à mesure de ses haltes. Des bâteliers en retrouvèrent un au bas de l'escalier du quai Desaix. Il contenait une tête d'homme coupée de frais.

Dans les deux jours, qui suivirent, un tronc, deux cuisses et deux jambes alimentèrent les conversations des badauds. Le déjà célèbre chirurgien Dupuytren fut invité à reconstituer le puzzle, ce qu'il fit avec un plaisir évident. Une verrue au menton du cadavre fut fatale à Charles Dautun. En effet, dès que ce détail pittoresque fut connu, une ancienne femme de ménage se présenta à la morgue et reconnut Auguste dans les divers morceaux assemblés. Charles, après avoir essayé de compromettre un cousin, reconnut les faits et fut guillotiné le 29 mars 1815.

Fut-il à ce point impressionné par sa rencontre avec un professionnel de l'équarrissage qu'il en perdit la tête avant même que le couperet frétille d'aise ? Toujours est-il que sa conduite fut inqualifiable au pied des bois de justice. « Mon Dieu !... Quel sort !... mourir sur l'échafaud... Un soldat !... Je suis innocent ! » Tels furent quelques-uns de ses borborygmes !

La tête de Charles Dautun ne fut pas perdue pour tout le monde puisque l'École de Médecine et le docteur Gall s'en disputèrent l'attribution. L'institution l'emporta sur le particulier qui, pourtant, avait été le plus flatteur en prétendant qu'elle représentait le type même de « l'instinct de destructivité ».

Contrairement à ce que prétend le dictionnaire *Robert,* le mot « jobard » ne vient pas de « job », mais doit tout à Emmanuel Jobard, un simple qui illumina son existence par un acte aussi accidentel que providentiel. Ce jeune homme s'ennuyait ferme, le 15 septembre 1851, en assistant, au théâtre des Célestins à Lyon, à une représentation d'un mélodrame intitulé *Adrienne Lecouvreur.*

Trop timide pour lancer une cabale ou demander le remboursement de sa place, il poignarda la femme placée devant lui. Le mari de la victime, un professeur de mathématiques, demanda simplement ce qu'ils avaient fait pour qu'il se conduise ainsi. « Je ne vous connais même pas », répondit Jobard, meilleur dialoguiste que l'auteur de la pièce.

La poignardée étant enceinte de six mois, Jobard, pour son premier essai, avait réussi, sans le vouloir, un doublé. « J'ai tué, pour être tué, en me ménageant le temps nécessaire pour me repentir », répétait-il à qui voulait

bien l'entendre. Monsieur Ricard, le veuf prématuré, accepta de bon gré cette explication qui ne manquait pas de logique.

Emmanuel Jobard avait médité son suicide depuis des années, mais il n'avait jamais eu le courage de réaliser son désir. La guillotine lui était apparu comme une solution correcte à son problème. Avant de laisser le hasard choisir pour lui, il avait songé à tuer un prêtre, en état de grâce au sortir de l'autel ; une courtisane, au sein de ses plaisirs ; ou un officier, si on l'avait incorporé dans l'armée.

Les experts s'accorderont pour dire que Jobard souffrait de « monomanie-homicide-suicide- » au moment de sa rencontre fortuite avec le dos de madame Ricard. La cour d'assises suivit leur avis et le déclara irresponsable. En récompense de sa monomanie, Jobard, qui protestait de sa culpabilité et réclamait la mort, se vit offrir un séjour illimité dans une maison d'aliénés.

M. et Mme Fenayrou était un petit couple bien tranquille ; trop, au goût de la dame, qui aurait aimé que leur intimité fut plus chaude. Alors, parfois, elle abandonnait toute raison et laissait son corps apaiser ses élans. Le pharmacien Aubert ne s'était pas fait prier deux fois pour lui procurer le traitement adapté à son trouble. Il ne pouvait prévoir que sa conquête irait tout narrer à son jaloux de mari.

Les époux Fenayrou, après avoir songé à employer un piège à sanglier, allèrent au plus simple et jouèrent au marteau qui cogne sur le crâne du séducteur. Ils lestèrent, ensuite, le cadavre avec un tuyau de plomb et le plongèrent ensuite dans un pont des environs de Chatou. Le frère du cocu fut de la fête et il s'amusa avec une canne-épée à pratiquer des ouvertures dans le corps du pharmacien plombé.

Les assassins furent arrêtés dès le lendemain de l'identification du cadavre le 10 juin 1882. Le pharmacien fut vengé, non par la justice, mais par le musée Grévin qui accueillit sa reproduction en cire dans une pose avantageuse.

« J'ai longtemps haï et méprisé le genre humain, c'est vrai ; aujourd'hui je le méprise plus que jamais, mais je ne le déteste plus ; et pourquoi ? La haine se commande et le mépris, non. Est-ce donc ma faute si on m'en fournit tous les jours de nouveaux motifs ? »

Ces quelques lignes donnent la mesure de l'exceptionnel talent d'écrivain de Pierre-François Lacenaire (1800-1836) qui, en outre, fut, comme chacun le sait depuis le bel hommage, sous les traits de Marcel Herrand, de Jacques Prévert et Marcel Carné dans *Les enfants du paradis*, un escroc et un assassin de qualité.

L'importance d'un homme se mesure en partie à la manière dont il influe sur l'existence de ses contemporains. Pierre-François, qui prétendait tuer comme il buvait un verre de vin, séduisit même son bourreau. Celui-ci

témoignera de sa bonhomie face à la guillotine et du fait que la fin de ses *Mémoires* avait été tronquée et falsifiée. Pour que la morale fût sauve, la société voulait en sus de sa tête, son repentir et l'aveu de sa peur.

Grâce aux *amoureux* travaux de Monique Lebailly, on connaît aujourd'hui le nom de l'infâme scribe. Il se nommait Hippolyte Bonnelier et avait, de la servilité, éprouvé tous les états en étant successivement sous-préfet et écrivain larvaire. Henri Sanson – le dernier de l'illustre lignée de bourreaux – prit goût au jeu quelques années après avoir croisé *le dandy du crime.* Il perdit tant et si bien qu'il se retrouva pensionnaire à la prison pour dettes de Clichy. Comment, alors, en de pareilles circonstances, ne se serait-il pas souvenu des conseils du bon Pierre-François ?

Notre bourreau plaça sa guillotine en gages auprès de son créancier et recouvra la liberté. Le ministère de la justice ayant dû dégager le créancier pour recouvrer ses bois de justice, Henri Sanson perdit son emploi, ce qui lui donna le loisir de consulter les archives de sa famille et d'écrire l'histoire de sept générations d'exécuteurs !

De par sa vie et ses écrits, Pierre-François Lacenaire méritait bien de figurer dans l'*Anthologie de l'humour noir* d'André Breton. A preuve, cet article publié dans le supplément du *Bon Sens, « la Tribune des Prolétaires »,* dans lequel il donnait son sentiment sur les prisons et le système pénitentiaire en France. Ce texte fait indiscutablement de lui un précurseur de *la défense du consommateur* dans notre pays.

Sur les prisons et le système pénitentiaire en France

Au sein de cette civilisation entraînante, qui a porté ses bienfaits jusque chez les classes les plus humbles de la société, comment se fait-il que les greffes de la police correctionnelle et des cours d'assises enregistrent chaque jour tant de crimes et de délits ? A la surface d'une population si éclairée, si industrielle, pourquoi flotte et s'agite l'écume immonde et fétide de tous les malfaiteurs, que removissent périodiquement dans la société les bagnes et les maisons de réclusion ? Une chose bien digne de remarque, c'est que sur le nombre considérable de malheureux qui peuplent ces lieux d'infamie et de misère, près des trois quarts sont en récidive reconnue ou cachée de peines correctionnelles.

Je vais d'abord indiquer le mal, c'est-à-dire ce qui existe en ce moment ; j'indiquerai ensuite le remède, c'est-à-dire ce qui devrait être, et j'émettrai mon opinion sur les meilleurs moyens à employer, afin qu'une première condamnation, au lieu de corrompre et de pervertir entièrement le détenu, serve au contraire à son amendement, et lui permette de rentrer dans la société, sans en devenir le paria ou le fléau.

Un jeune homme se livre à ses passions, étouffant la voix de l'honneur, foulant aux pieds les principes de probité qu'il a puisés dans son enfance au sein de sa famille, mais qui n'ont pas encore eu le temps de jeter des racines bien profondes, il commet un délit. Aussitôt la police s'en empare et le plonge vivant dans ce cloaque nommé Dépôt de la préfecture. Que rencontrera-t-il à son entrée ? Des forçats évadés qui viennent se faire ressaisir à Paris, des forçats qui ont rompu le ban et quitté le lieu de leur surveillance, des forçats libérés arrêtés en flagrant délit à commettre de nouveaux crimes ; enfin d'autres voleurs, escrocs, filous, par goût, par état, presque de naissance, race gangrenée, frelons de la société, mauvais sujets incorrigibles, et qui, pour n'être pas allés au bagne, n'en valent pas mieux et sont depuis lontemps incapables d'aucune pensée honnête, d'aucune action généreuse. Que va devenir notre jeune imprudent au milieu de cette étrange société ? C'est là, que pour la première fois, il va entendre résonner le langage barbare des Cartouche et des Poulailler, l'infâme argot ! C'est là que, du consentement même des gardiens chargés de la surveillance du dépôt, il va voir les faveurs, la préséance accordées aux vétérans du crime, aux célèbres du genre ; eux seuls ont le droit reconnu de pressurer, de vexer, de fouiller même tout à leur aise les pauvres diables que mille circonstances peuvent amener momentanément au milieu d'eux. Et malheur à notre jeune homme s'il ne se met bien vite à l'unisson de leur ton, de leurs principes et de leur langage ; il est bientôt reconnu pour un faux frère et déclaré indigne de s'asseoir à côté des amis ! Alors il n'y a sorte de vexation à laquelle il ne soit soumis, sans pouvoir, en aucune manière y échapper ; des réclamations à ce sujet seraient mal accueillies par les gardiens mêmes, toujours enclins à protéger les lurons, et ne feraient qu'exciter contre lui la colère du prévôt de la salle qui, d'ordinaire, est un ancien forçat, ainsi que la meute de ses complaisants. Au milieu de ce dévergondage, de ce cynisme de gestes et de propos, de récits horribles et dégoûtants de crimes, le malheureux, pour la première fois, rougit d'un reste de pudeur et d'innocence qu'il avait en entrant ; il a honte d'avoir été moins scélérat que ses confrères ; il craint leur raillerie, leur mépris ; car enfin, qu'on ne s'y trompe pas, il y a de l'estime et du mépris jusque sur les bancs des galères, ce qui nous explique pourquoi quelques forçats y sont plus à l'aise qu'au sein de la société de laquelle ils ne peuvent attendre que le mépris, et personne ne consent volontiers à vivre avec le mépris de ceux qui l'entourent. Aussi notre jeune homme, qui le redoute, va prendre exemple sur de bons modèles, sur ce qu'il y a de mieux dans le genre... Il va se former sur leur ton, sur leurs manières ; il va les imiter ; leur langue, dans deux jours, il la parlera aussi bien qu'eux ; alors, ce ne sera plus un pauvre simple ; alors les amis pourront lui toucher la main sans se compromettre. Notez bien que jusqu'ici c'est une gloriole de jeune homme qui rougit de passer pour un apprenti dans la partie. Le changement porte moins sur le fond que sur la forme. Deux ou trois jours au plus passés dans cet égout n'ont pu le pervertir encore tout à fait. Mais soyez tranquille, le premier pas est fait ; il n'est pas fait pour s'arrêter en si beau chemin, et son éducation qui vient de s'ébaucher sous les voûtes de la préfecture de police, va se perfectionner à la Force, et va se terminer à Poissy ou à Melun.

Un ex-prisonnier.

La lucidité de Pierre-François Lacenaire parut effroyable à certains de ses contemporains. Dans les semaines qui précédèrent son exécution, non content de peaufiner les *Mémoires* qu'il avait commencé le 15 novembre 1835 au lendemain de son procès, Lacenaire joua au chat et à la souris avec le chef de la Sûreté en évoquant ceux de ses crimes qui demeureraient impunis.

Et puis, pour se délasser encore davantage, il écrivit des poésies à la gloire de celle dont il deviendrait bientôt l'amant d'une aube. La mante religieuse de la justice française ne lui faisait pas peur. Bien au contraire, il l'attendait la nuque aussi affermi que les sentiments :

> « Quand vient le moment, lorsque sa tête roule
> Sous le choc du pesant couteau,
> Il ne reste plus rien pour amuser la foule
> Que le coup d'œil au tombereau... »

Pierre-François fut transféré de la Conciergerie à Bicêtre, la veille de cette fatale rencontre. C'est en souriant qu'il alla vers la guillotine au petit matin du 9 janvier 1836. La Veuve apprécia cette attitude et lui rendit une sorte d'hommage en se livrant, elle aussi, à une facétie.

Le couperet resta accroché à mi-course et il fallut le remonter pour qu'il accomplisse correctement son office. Lacenaire eut le temps de ricaner une dernière fois et de lancer une ultime plaisanterie.

Qu'ils l'aient précédé ou qu'ils lui aient succédé dans la lunette, les assassins sont redevables à Lacenaire d'avoir coloré d'humour leur supplice. « J'arrive à la mort, disait-il, par une mauvaise route, j'y monte par un escalier. »

Dans le crime comme en littérature, la postérité ne prouve pas grand chose. Pierre-François et quelques autres de son envergure eurent au moins le mérite de *distraire* leurs contemporains en leur procurant des *spectacles* de qualité.

Quant aux innocents et aux victimes, je n'ai pas eu à m'en préoccuper tant sont nombreuses les belles âmes qui n'écrivent que pour satisfaire les glandes lacrymales de leurs lecteurs. Ces incontinents, qui font dans la veuve et l'orphelin, semblent oublier parfois que la Camarde, dans sa grande sagesse, n'a jamais oublié personne lors de l'une de ses récoltes. La vie n'est jamais qu'un fait divers qui se termine mal...

TABLE DES MATIÈRES

Achevé d'imprimer en France
par Maury-Imprimeur S.A.
45330 Malesherbes
Relié par SIRC
Société Industrielle de Reliure et de Cartonnage
10350 Marigny-le-Châtel
N° d'imprimeur : H90/31850 F
N° d'édition : 265
Dépôt légal : février 1991